JN117195

刑法各論

川端　博

明照博章

今村暢好

成 文 堂

はしがき

　本書は，川端　博『刑法』の「刑法各論」部分を分離独立させて川端　博，明照博章および今村暢好の３名で改訂をほどこして刊行するものである。刑法学は，理論的分析が年々精緻をきわめるようになり，刑法に関する本は，ますます難解になってきている。そのため刑法の本は，一読しただけでは分かりにくいとの印象をもたれ，敬遠されがちである。しかし，もともと「刑法」は，一般市民を対象にして日常生活において生じる「犯罪」について規定している法律なのである。それは，法律上，「こういうことはしてはいけない」という「禁止」と「こういうことをしなさい」という「命令」を示し，禁止または命令に違反したばあいには，「刑罰」を科すことによってわたくし達に「なすべき」行為を明らかにする「行為規範」にほかならない。そうすると，刑法が行為規範として機能するためには，刑法の内容は，一般人であるわたくし達に十分に理解できるものでなければならないはずである。その意味で，刑法の本は分かりやすく，そして刑法の全体像がすぐに見えるようなものであることが要請されることになる。そこで，法律を学んでいる法学部の学生や法科大学院生はもとより，「裁判員裁判制度」が定着している今日，裁判員になる可能性のある多数の市民の方々にも読まれ，納得のいくような刑法の本が望まれる。本書は，そのような要望に応えようとするものである。つまり，本書は，刑法の学修者の「教科書」であると同時に市民のための「刑法入門書」でもあると言える。

　改訂は，今村が作成した原案について３名で協議を重ねて確定稿にまとめ上げるという手順でなされた。最近，刑法改正が相次いでいるので，それをもれなく取り込んだことは言うまでもない。さらに判例および学説の発展についても対応したことは，もちろんである。

　本書の出版に当たって成文堂の阿部成一社長から暖かい御配慮を賜ったの

で，心から御礼を申し上げる次第である。また，編集・公刊に関して非常に御世話になった編集部の篠崎雄彦氏にも謝意を表したいと思う。

　　令和5年（2023年）9月16日

川　端　　　博
明　照　博　章
今　村　暢　好

凡　例

1　判　例

1　引用判例の略称は，次の例による。

大判大 5・5・4 刑録 22 輯 685 頁➡大審院判決大正 5 年 5 月 4 日大審院刑事判決録 22 輯 685 頁。

最決昭 37・2・8 刑集 16 巻 11 号 1522 頁➡最高裁判所決定昭和 37 年 2 月 8 日最高裁判所刑事判例集 16 巻 11 号 1522 頁。

東京高判昭 30・5・19 高刑集 8 巻 4 号 568 頁➡東京高等裁判所判決昭和 30 年 5 月 19 日高等裁判所刑事判例集 8 巻 4 号 568 頁。

2　略語

刑　　録	大審院刑事判決録
刑　　集	大審院刑事判例集，最高裁判所刑事判例集
裁判集刑	最高裁判所裁判集刑事
高 刑 集	高等裁判所刑事判例集
裁　　特	高等裁判所刑事裁判特報
判　　特	高等裁判所刑事判決特報
高 刑 速	高等裁判所刑事裁判速報集
東　　時	東京高等裁判所刑事裁判時報
1 審刑集	第 1 審刑事裁判例集
下 刑 集	下級裁判所刑事判例集
裁　　時	裁判所時報
月　　報	刑事裁判月報
判　　時	判例時報
判　　タ	判例タイムズ
新　　聞	法律新聞
評　　論	法律評論

3　大審院の判例を原文のまま引用するばあいには，読みやすくするために，原則として，旧漢字，片仮名を新漢字，平仮名に改め，句読点，濁点を付した。

2　法　令

法令の略語は一般の慣用に従う。なお，刑法については，原則として，条文番号のみで引用する。

参考文献

浅田和茂『刑法各論』成文堂（2020 年）

井田　良『講義刑法学 各論』第 2 版　有斐閣（2020 年）

伊東研祐『刑法講義 各論』日本評論社（2011 年）

大塚　仁『刑法概説 各論』第 3 版増補版　有斐閣（2005 年）

大塚裕史・十河太朗・塩谷毅・豊田兼彦『基本刑法 II 各論』第 3 版　日本評論社（2023 年）

大谷　實『刑法講義各論』新版第 5 版　成文堂（2019 年）

川端　博『刑法各論講義』第 2 版　成文堂（2010 年）

木村光江『刑法』第 4 版　東京大学出版会（2018 年）

斎藤信治『刑法各論』第 4 版　有斐閣（2014 年）

佐久間修『刑法各論』第 2 版　成文堂（2012 年）

曽根威彦『刑法各論』第 5 版　弘文堂（2012 年）

高橋則夫『刑法各論』第 4 版　成文堂（2022 年）

只木　誠『コンパクト刑法各論』新世社（2022 年）

団藤重光『刑法綱要各論』第 3 版　創文社（1990 年）

中森喜彦『刑法各論』第 3 版　有斐閣（2011 年）

西田典之［橋爪　隆（補訂）］『刑法各論』第 7 版　弘文堂（2018 年）

林　幹人『刑法各論』第 2 版　東京大学出版会（2007 年）

日髙義博『刑法各論』成文堂（2020 年）

平野龍一『刑法 総論 II』　有斐閣（1975 年）

福田　平『全訂 刑法各論』第 3 版増補　有斐閣（2002 年）

堀内捷三『刑法各論』有斐閣（2003 年）

前田雅英『刑法各論講義』第 7 版　東京大学出版会（2020 年）

松原芳博『刑法各論』第 2 版　日本評論社（2021 年）

松宮孝明『刑法各論講義』第 5 版　成文堂（2018 年）

山口　厚『刑法各論』第 2 版　有斐閣（2010 年）

山中敬一『刑法各論』第 3 版　成文堂（2015 年）

目　次

第3章　個人的法益に対する罪⑶──財産犯

序　章　刑法各論の意義と対象

① 意　義

「刑法各論」は，刑罰法規に規定されている個々の犯罪の構成要件の内容を明らかにし，かつ，その犯罪に対する刑罰の種類および分量を確定することを任務とする。これに対して，「刑法総論」は，各個の刑罰法規に共通する普遍的原理を明らかにすることを任務とする。刑法各論は，刑法総論において明らかにされた普遍的原理を前提にして，これを個別犯罪類型との関連で具体化し，または部分的に修正する個別的諸原理を究明するものである。このように両者は，密接不可分の関係を有しているので，刑法各論を考察するにあたっては，つねにその相互関係に留意しなければならない。

② 対　象

　刑法各論の対象は，刑法典第2編「罪」において規定されている犯罪類型である。これを「狭義の刑法各論」という。刑法典以外の特別刑法において定められている犯罪類型のすべてをも対象とするばあいには，「広義の刑法各論」と称される。本書は，叙述の範囲を，わたくし達の市民生活において意義を有するもっとも重要な基本的犯罪類型を対象とする狭義の刑法各論に限定する。

　刑法各論においては，「法律要件」としての「犯罪」と「法律効果」としての「刑罰」の両面を検討する。法律要件としての犯罪は，第1の犯罪成立要件である構成要件該当性の要素である構成要件によって示されている。したがって，「構成要件の解釈」が，実際上，刑法各論の主要な課題となる。構成

要件は，行為の主体，行為，客体，行為の付随事情などの「客観的要素」と，故意，過失，目的その他の「主観的要素」とから成っており，「基本的構成要件」の修正形式としての未遂犯・共犯も存在する。それとの関連において，「罪数」も問題となる。

　第2，第3の犯罪成立要件である「違法性」および「責任」については，通常，具体的な行為および行為者に対して，総論的原理に基づいて検討されることが多く，例外的に，犯罪の成否を決し，またはその程度を基礎づけるものとして刑罰法規に示されているものの検討は，各論の課題となる。

　法律効果としての刑罰の程度は，前提となる犯罪の程度に相応するので，法定刑の「適用の基準」を明らかにすることも，各論の重要な課題である。「法定刑」は，各犯罪類型に対する刑法の評価を端的に示すものであるから，逆に，刑法体系を把握する際の重要な指標となる。処罰条件，処罰阻却事由，刑の加重・減免事由などが定められているばあいには，その根拠・要件・範囲などを解明することも，各論の課題となる。

③ 刑法各論の体系

⑴　各論の体系化と保護法益

　刑法各論においては，保護法益（法益）を基準にして各刑罰法規を分類し，その体系化がなされる。すなわち，各犯罪類型の保護法益の相互関係を理論的に明らかにすることによって，刑法各論の全体構造が解明されて，刑法各論が体系的に把握されることになるわけである。したがって，各論の体系化にあたっては，まず，各刑罰法規における保護法益を正確に把握することが必要である。たんに刑罰規定の「形式」からだけではなくて，各刑罰規定が現実の社会において有する「実質的意義」をも考慮することによってはじめて，その内容は明らかになるのである。そのためには，刑法史的，比較刑法的，刑事学的（犯罪学的）考察が必要である。

　ところで，保護法益は，各刑罰規定についてつねに1個であるとは限らず，複数の法益が競合的にみとめられることもある。複数の法益の保護を目的と

する刑罰規定を体系づけるためには，それらのうち最も優位に立つ法益を第1の基準とし，従たる法益を補充的に考慮することになる。そこで，何が主たる法益であり何が従たる法益であるか，を個別的犯罪類型の特質を解明したうえで，確定しなければならない。

　刑罰法規の体系化にあたって，とくに刑事学（犯罪学）の知見が重要な意義を有する。すなわち，刑事学の見地から，現実の社会における具体的存在形態を明らかにし，それに基づいて解釈学的犯罪類型を設定し，包括的・抽象的な犯罪概念を個別化・具体化して，体系化を充実させることができるのである。

　このように，刑法各論の体系化は，第1次的には，各刑罰規定の保護法益を基準としておこなわれ，第2次的には，刑事学的な犯罪特徴を考慮して実質化されることになる。

(2)　3分説

　保護法益を基準として刑法各論を体系化するばあい，保護法益は，国家的法益，社会的法益および個人的法益の3つに区分される（3分説）。刑法典第2編の規定も，各章の配列から見て，おおむね3分説に従ってその順序で各犯罪類型を位置づけているといえる。これに対して，公益と私益とに2分する2分説もあるが，3分説が通説・判例の立場となっている。

　3分説において刑法各論の「叙述の順序」をどのようにするか，が問題となる。刑法典第2編の規定は，おおむね，国家的法益に対する罪，社会的法益に対する罪，個人的法益に対する罪の順に配列されている。この順序に従って叙述する学説もあるが，通説は，逆に，個人的法益に対する罪，社会的法益に対する罪，国家的法益に対する罪の順に配列している。個人的法益の絶対的優越性を根拠にする立場もあるが，必ずしもそれに拘泥する必要はない。たしかに，個人的法益が法律上，重要な意義を有することは否定できないが，しかし，ここでは，理論化・体系化に関して有する意義が重要なのである。その観点から考察する必要がある。個人に対する保護法益の面を刑法上も重視し，実際上，個人的法益に対する諸犯罪が最も頻繁に犯されてい

るだけでなく，その中に，犯罪の典型と目されているものが少なくないこと
などから，個人的法益に対する罪を考察の出発点とすべきである。そして，
社会的法益に対する罪，国家的法益に対する罪の順序で考察すべきである。
本書は，この立場から叙述されている。

第1章　個人的法益に対する罪(1)
——生命・身体に対する罪

1 個人的法益に対する罪

　社会および国家の1構成員である個人の安全な生存と活動の自由の基礎を保障することは，法治国家にとって重要な任務である。憲法も，「すべて国民は，個人として尊重される。生命，自由及び幸福追求に対する国民の権利については，公共の福祉に反しない限り，立法その他の国政の上で，最大の尊重を必要とする」と規定して，その趣旨を明らかにしている（憲13条）。これを受けて，憲法の下位法である刑法は，個人的法益に対する罪を重要な犯罪類型として規定しているのである。すなわち，「個人的法益に対する罪」として，「生命・身体に対する罪」，「自由に対する罪」，「私生活の平穏に対する罪」，「名誉・信用に対する罪」および「財産に対する罪」が規定されている。

2 生命に対する罪

(1) 総　説
(i) 序
　ここで，生命および身体に対する罪について，まとめて説明しておくことにしよう。
　生命・身体に対する罪は，人または胎児の生命・身体を侵害し，または危険にする行為を内容とする犯罪であり，殺人の罪（刑法第2編26章），傷害の罪（同27章），過失傷害の罪（同28章），堕胎の罪（同29章）および遺棄の罪（同30章）が，これにあたる。これらの罪のうち，前3者は主として侵害犯であり，後2者は主として危険犯である。

「行為の客体」は，堕胎の罪を除き「人」である。人の生命・身体に対する罪の客体は，生命・身体を有する必要があるから，「人」は自然人に限られ，法人を含まない。生命・身体を有するものであるかぎり，将来，成長の希望のない嬰児であろうと，自然の死期が迫っている高齢者であろうと，その状態のいかんを問わず「人」である（大判明43・5・12刑録16輯857頁）。堕胎の罪の行為客体は，「胎児」であるから，堕胎の罪との関係で，人と胎児を区別する基準が重要となる。これは，胎児が人となる時期，つまり「人の始期」の問題にほかならない。人が死亡したばあいには，もはや生命・身体に対する罪の客体とはならなくなるので，「人の終期」の問題は，これらの罪の成否にかかわるだけでなく，死体を犯罪の客体とする死体損壊の罪（190条）との限界の問題ともなる。

(ⅱ)　人の始期

人の始期は，出生である。出生前の生命体は胎児であり，胎児の生命は，堕胎の罪によって保護される。人の出生をめぐって，見解が対立している。かつて，陣痛説や独立呼吸説が主張されたこともあるが，現在では，全部露出説も主張される。「一部露出説」が，判例・通説の立場であり（大判大8・12・13刑録25輯1367頁）妥当である。すなわち，胎児の身体の一部が母体より露出した時点をもって人の始期と解すべきなのである。民法上は全部露出説が通説であるが，生命・身体の罪は，独立の生命を有する個体の生命・身体を保護するものであるから，「胎児」が母体から独立して直接に侵害の客体になり得る状態に達した以上は「人」として保護に値するのである。

なお，判例は，胎児性致死の可罰性を肯定しているが（最決昭63・2・29刑集42巻2号314頁），疑問がある。

(ⅲ)　人の終期

人の終期は，死亡である。人は死亡によって生命を失い，その身体も死体となり死体損壊罪の客体となるにすぎない。死亡の時期については，従来，脈拍が不可逆的に停止した時期とする「脈拍停止説」，呼吸が不可逆的に停止

した時期とする「呼吸停止説」が主張されてきたが，呼吸・脈拍の不可逆的停止および瞳孔散大という3つの徴候を基礎として総合的に判定する「総合判定説（三徴候説）」が妥当である。

　最近では，脳機能の不可逆的喪失の時期とする「脳死説」が有力となっている。生命現象の根元は脳にあるので，脳機能の不可逆的喪失の時期をもって人の死亡時期とするのが理論的には妥当であろうが，しかし，現代の医学水準において，脳機能の不可逆的喪失の時期について確実な判定が困難であるとする見解もあり，また，脳死説が医学常識となっていない段階では，総合判定説に従うのが妥当である。将来，脳死説が医学界において支配的見解になった時点では，脳死を基準に個体の死をすべきことになるであろう。

(2)　殺人の罪

(i)　総　説

　殺人の罪は，故意に他人の生命を奪う犯罪であり，その保護法益は「個人の生命」である。過失によって他人の生命を侵害する行為は，過失傷害の罪として規定されている（第2編28章）。諸外国の立法例には，行為者の意思，行為態様，客体の性質などによって殺人の罪を類別して処罰に差を設けているものが多い。たとえば，予謀の有無により謀殺と故殺に分け，前者を重く罰するもの（フランス刑法，ドイツ刑法，英米刑法など），毒殺を特に重く罰するもの（フランス刑法など），嬰児殺を軽く罰するもの（フランス刑法，ドイツ刑法，イギリス刑法など）などがある。

　わが刑法は，殺人罪の構成要件を単純化して，上記の諸類型をすべて普通殺人罪（199条）に包括させ，特別類型として同意殺人罪（202条）を規定するにとどめている。この立法形式は，殺人罪の犯情は非常に複雑多様であるから，それぞれの事情に応じて適切な判断をおこない，刑の量定を妥当なものにするために，あらゆる態様の殺人行為を普通殺人罪と減軽類型としての同意殺人罪に包括して法定刑の幅を非常に広いものとし，実状に即した刑の量定を裁判官に委ねようとするものである。

　刑法は，普通殺人の予備罪（201条）および未遂罪（203条），自殺関与罪（202

条）およびその未遂罪を処罰している（203条）。

(ii) 普通殺人罪（通常殺人罪）

人を殺す罪である。法定刑は，死刑または無期もしくは5年以上の拘禁刑（199条）。未遂罪を罰する（203条）。

(a) 客 体

本罪の客体は，行為者を除く自然人である。したがって，行為者自身の自殺行為は犯罪とならない。

(b) 行 為

(α)　本罪の行為は，他人を「殺す」こと，すなわち，殺人の故意をもって自然の死期の前に他人の生命を断絶することを意味する。手段・方法のいかんを問わない。有形的方法（物理的方法）によるものが通常である（たとえば，刺殺，毒殺，絞殺，射殺など）。しかし，無形的方法（心理的方法）によるばあいもみとめられる（たとえば，精神的苦痛を与えて悶死させる行為など）。作為によるほか不作為によるばあいも，本罪を構成する。他人または被害者本人を道具とする間接正犯でもよい。たとえば，被害者の錯誤ないし意思無能力を利用して，死亡の結果を生じさせたばあいには，被害者自身を道具とする殺人罪の間接正犯が成立する（最決昭27・2・21刑集6巻2号275頁。意思能力のない被害者を利用）。

(β)　偽装心中　追死の意思がないのに，被害者を欺いて，追死するものと誤信させて死亡させる「偽装心中」のばあい，判例は，「真意に添わない重大な瑕疵ある意思」に基づいて死を決意したときは殺人罪にあたると解している（最判昭33・11・21刑集12巻15号3519頁）。これは，行為者の追死が自殺の決意にとって本質的であるばあいは，その追死に対する被害者の誤信は，自殺に対する自由な意思決定を奪うので，自殺教唆の範囲を逸脱し，被害者を道具とする間接正犯であると解するものである。しかし，相手方が追死してくれるものと誤信しておこなう自殺のばあい，相手側が死んでくれるから自分も死ぬという点で，動機に錯誤があるにすぎず，「死ぬ」こと自体について錯誤はないので，本人の意思に反して生命を侵害したことにならず，自殺教

唆罪が成立すると解するのが妥当である。

　（γ）　**未遂・既遂**　殺人の「実行の着手時期」は，行為者が，故意に他人の生命を侵害する現実の危険を惹起した時である。たとえば，殺人の意思で相手の首を絞めたり，銃をかまえて狙いを定める行為をしたりしたばあいには，殺人罪における構成要件的結果発生の現実の危険を生じさせているので，実行の着手がみとめられる。

　実行に着手したが結果が発生しなかったばあい，または，事実上，殺人行為も被害者の死亡もあったが両者の間に因果関係が存在しないばあいには，いずれも未遂となる。人を殺す行為は，それ自体，被害者の死の結果を惹起させ得る現実の危険性を含むものでなければならないので，その危険性のない行為は不能犯である。

　本罪は，殺人行為によって被害者の死亡の結果が発生した時に既遂となる。

　(c)　**故　意**

　本罪の故意は，客体が生命を有する自然人であることを認識し，殺人の手段となる行為により死の結果が発生可能であることを表象・認容することである。

　(d)　**罪　数**

　個人の生命は，一身専属的であり，それぞれ独立した価値を有するので，本罪の罪数を定めるにあたっては，個々の客体ごとに評価がなされなければならない。つまり，被害者の数に応じて罪数が決定されるのである。したがって，1個の行為によって数人を殺したばあいは，被害者の数に応じて数個の殺人罪が成立し観念的競合となる（大判大6・11・9刑録23輯1261頁）。

　人を殺す意思でなされた殺人予備罪，殺人未遂罪および同一機会になされた同一客体に対する数個の殺害行為は，包括して殺人罪一罪となる。たとえば，人を殺そうとして牛乳に農薬を混入させて与えたが，気づかれて失敗したので首を絞めて殺したばあい，毒物による殺人未遂は，絞首による殺人既遂の罪に包括されて一罪となる（大判昭13・12・23刑集17巻980頁）。

(iii) 殺人予備罪

普通殺人罪を犯す目的でその予備をおこなう罪である。法定刑は，2年以下の拘禁刑。ただし，情状によってその刑を免除することができる(201条)。

(a) 意 義

殺人予備とは，殺人の実行を目的としてなされる準備行為で実行の着手に至らない行為をいう。殺人予備は，殺人という基本的構成要件を修正して作られた構成要件であるから，みずからが実行行為をする目的で予備をおこなったばあいにのみ成立し（「自己予備罪」），他人に殺人をおこなわせる目的で予備をおこなう「他人予備」は，これに含まれない。

(b) 行 為

予備行為は，実行の着手に至る前の犯罪の準備行為をいうので，行為の外形から客観的に確定するのは困難である。したがって，予備の段階に達したか否かは，殺す目的の存在を前提として，犯罪の遂行に実質的に役に立つ行為といえるかどうか，という観点から判断されなければならない。他人を殺害する目的で毒薬を調達する行為や凶器を持って被害者の居室に侵入する行為などは，殺人予備にあたる。

殺人の目的は，必ずしも確定的である必要はなく，たとえば，談判が決裂したばあいには刺し殺そうとする意図のもとに刀剣を携え相手方の居宅を訪れるばあいのような「条件付きの目的」（大判明42・6・14刑録15輯769頁）でも，または未必の目的でも足りる。

(c) 予備の中止

殺人の目的でその予備をおこなったが，みずから実行行為に出ることを中止したばあい，判例は，中止犯の規定の適用ないし準用を否定する（大判大5・5・4刑録22輯685頁）。しかし，実行に着手した後に中止すれば43条ただし書きにより刑の必要的減免がみとめられるのに，犯情がより軽い実行前の段階で中止したばあいについては裁量的に刑が減免されるにすぎないとすると，刑の均衡を失することになるので，43条ただし書きの規定を類推適用して，刑の必要的免除をみとめるのが妥当であると解される。

(d)　共　犯

殺人予備罪について共同正犯および教唆犯・幇助犯の成立をみとめること
ができる。これに対しては，共同正犯における犯罪の「実行」および狭義の
共犯における正犯行為は，基本的構成要件の内容としての実行行為（43条）で
なければならない以上，実行行為でない予備行為については，共同正犯およ
び狭義の共犯の観念を容れる余地はないとする否定説も主張されている。し
かし，共同正犯にいう「実行」および狭義の共犯にいう「正犯」行為は，い
ずれも修正された構成要件に該当する行為であれば足り，とくに基本的構成
要件に該当する行為でなければならないと解すべき積極的な理由はないの
で，肯定説が妥当である。

最高裁の判例も，予備罪の共同正犯を肯定している（最決昭 37・11・8 刑集 16
巻 11 号 1522 頁）。

(e)　罪　数

他人を殺害する目的で，凶器を持ってその住居に侵入したが実行の着手に
至らなかったばあいは，住居侵入罪（130 条前段）と殺人予備罪との観念的競
合となり（大判明 44・12・25 刑録 17 輯 2328 頁），殺人の実行の着手に至ったばあ
いには，殺人罪ないし同未遂罪と住居侵入罪との牽連犯となる。

このように，殺人の予備を犯した者が進んで殺人の実行に着手したばあい
には，予備罪は「不可罰的事前行為」となる。

(iv)　自殺関与罪・同意殺人罪

人を教唆もしくは幇助して自殺させ，または人をその嘱託を受けもしくは
その承諾を得て殺す犯罪である。法定刑は，6 月以上 7 年以下の拘禁刑（202
条）。未遂罪を罰する（203 条）。

(a)　意　義

自殺は，犯罪ではなく不可罰である。自殺を不可罰とする理由に関して，
可罰的違法行為ではあるが責任が阻却されるとする説や可罰的違法性がない
とする説も主張されているが，自殺は自己の法益の処分行為であるから違法
でないと解すべきである。

　刑法は，自殺を犯罪としていないが，自殺に関与する教唆・幇助行為（自殺関与）および嘱託・承諾による殺人（同意殺人）を処罰している。すなわち，生命は，あらゆる価値の根元であるから，本人が同意していても他人が自殺に関与することは生命の保護にとって有害であるので，それを違法とするのである。

　自殺自体は犯罪ではないので，共犯従属性説の見地からは，自殺に関与する「教唆」または「幇助」は，刑法総則における共犯として把握することはできず，独立の犯罪類型として捉えられなければならない。

　同意殺人罪は，法益の主体である被害者本人が自由な意思決定に基づいて生命を放棄しているので，法益侵害の程度が普通殺人罪より小さいため，普通殺人罪に対する違法減軽類型として別の条文に規定されている。

　自殺関与罪と同意殺人罪は，本人の意思に反しない生命の侵害に関与した点で共通するので，同一条項に並列的に規定されている。

(b)　自殺関与（教唆・幇助）罪

　(α)　**客体**　本罪の客体は，行為者以外の自然人である。ただし，「自殺」とは，自由な意思決定に基づき自己の生命を断つことをいうから，自殺の意味を理解し，自由な意思決定の能力を有する者に限られる。したがって，意思能力を欠く幼児または心身喪失者の自殺を教唆・幇助したばあいは，本罪ではなく殺人罪の間接正犯となる（大判昭9・8・27刑集13巻1086頁，最決昭27・2・21刑集6巻2号275頁）。

　(β)　**行為**　本罪の行為は，意思決定能力を有する者に教唆によって自殺意思を起こさせるか，自殺の意思を有する者の自殺を幇助することである。「教唆」とは，自殺意思のない者に，故意に基づいて自殺意思を生じさせ，自殺をおこなわせることをいう。その方法のいかんを問わない。

　「幇助」とは，すでに自殺を決意している者に対して，自殺行為に援助を与えて自殺を遂行させることをいう。たとえば，自殺の方法を教えたり，自殺の用具を提供したりする行為が，幇助にあたる。死後，家族の面倒をみてやるというような精神的幇助も，これに含まれる。

　合意に基づく同死，つまり「心中」の1人が生き残ったばあいについて，

自殺幇助罪が成立する（大判大 15・12・3 刑集 5 巻 558 頁）。「偽装心中」について
も，教唆の方法・手段は，自殺意思を起こさせるに足りるものであればよい
ので，本罪の成否が問題となる。前述のとおり，意思決定の自由を奪う程度
の方法・手段であるばあいは，殺人罪の間接正犯となる。

（γ）　**既遂・未遂**　本罪は，被教唆者・被幇助者が自殺を遂げた時に既遂
に達する。

教唆・幇助によって本人が自殺行為に出たが死にきれなかったばあいは，
未遂となる。本罪が独立罪であることを理由に，自殺の教唆ないし幇助をお
こなった時に本罪の実行の着手があるとする見解もある。しかし，同意殺人
罪との統一的把握という観点から，現実に本人が自殺行為に入る状態に至っ
た時に実行の着手をみとめるべきである。したがって，本人が意思を翻して
自殺行為に出なかったばあいには，本罪の未遂とはならない。

(c)　**同意（嘱託・承諾）殺人罪**

（α）　**客体**　本罪の客体は，「被殺者」である。これは，行為者以外の自然
人であって，殺人の意味を理解し，死について自由な意思決定能力を有する
者であることを要する。

（β）　**行為**　本罪の行為は，被害者の嘱託を受け，または，その承諾を得
てこれを殺すことである。「嘱託」とは，被殺者がその殺害を依頼することを
いい，「承諾」とは，被殺者がその殺害の申込みに同意することをいう。

嘱託・承諾には，次の要件が必要である。すなわち，①嘱託・承諾は，被
殺者本人の意思によるものでなければならないこと，②通常の弁識能力を有
する者の自由かつ真意に基づいてなされたものでなければならないこと（最
判昭 33・11・21 刑集 12 巻 15 号 3519 頁），③承諾は黙示的なもので足りるが，嘱
託は明示的になされること，④嘱託・承諾は殺人の実行開始時に存在してい
ること，が要件となるのである。

本罪の実行の着手時期は，行為者が被殺者に対する殺害行為を開始した時
であり，既遂時期は，行為者が被殺者を殺害した時である。

同意と殺人行為との間には，因果関係が存在しなければならない。

（γ）　**故意**　本罪の故意は，嘱託・承諾の存在および殺人の事実を表象・

認容することである。嘱託・承諾がないのにあると誤信して殺したばあい，殺人罪と本罪とは構成要件的に重なり合うので，38条2項により軽い本罪が成立する（大判明43・4・28刑録16輯760頁）。

　嘱託・承諾の認識は，実行の着手時にあればよいので，当初は普通殺人の故意であっても，殺害行為時に上記の認識があれば，本罪が成立する。殺害行為時に同意があったのに，ないと誤認したばあい，つまり38条2項の逆のばあいにも，重い罪を犯す意思で軽い罪を犯したのであるから，本罪の成立がみとめられる。これに対して，当事者間に嘱託・承諾の関係がなく，殺人の故意に影響を及ぼすことがないから普通殺人罪が成立するとする説や普通殺人罪の未遂とする説も主張されている。しかし，本罪は，被害者の同意があることを認識して殺すことを要するが，殺人の故意で同意殺人の結果を生じさせたのであるから，抽象的事実の錯誤があり，法定的符合説によって軽い同意殺人罪の罪責を問うべきことになるのである。

　(δ)　**違法性阻却**　本罪に関して安楽死・尊厳死が違法性阻却事由となり得るか否か，が問題となる。「安楽死」とは，病者が耐えがたい激烈な身体的苦痛に襲われ自然の死期が切迫している時に，病者の嘱託に基づき苦痛の除去ないし死期を早める措置を実施することをいう。「尊厳死」とは，植物状態の患者が意思能力を有していた時の意思に基づいて，「人間としての尊厳」を保持させながら死を迎えさせるために生命維持治療を中止することをいう。

　安楽死が楽に死なせることを目的とするのに対し，尊厳死は「品位ある死」の確保を目的とするから，両者には質的な相違がある。しかし，いずれも殺人罪または同意殺人罪の構成要件に該当する行為であるから，殺人罪または同意殺人罪の違法性を阻却するか否か，が問題となるわけである。いずれについても違法性が阻却される。

　安楽死の要件として，①死期が確実に切迫していること，②本人が堪えがたい身体的苦痛に襲われていること，③本人の真意に基づく嘱託があること，④病者の死苦を除去・緩和する目的に基づくものであること，⑤医師によることを原則とし，病者の死苦の緩和・除去にとって相当な方法であることが挙げられる（名古屋高判昭37・12・22高刑集15巻9号674頁）。

　尊厳死のばあい，品位ある死を選ぶ権利は，病者の自己決定権の見地から肯定され得る。

　(ﾆ)　**罪数**　人を教唆して自殺を決意させ，さらに嘱託を受けて人を殺したばあいには，自殺教唆未遂罪は嘱託殺人罪に吸収されて嘱託殺人罪のみが成立する。

　自殺を教唆し，さらに本人の自殺を幇助したばあいも，1個の自殺関与罪が成立するにとどまる。

③ 身体に対する罪

⑴　傷害の罪

　傷害の罪は，人の身体に対する侵害行為を内容とし，身体の安全が保護法益である。なお，凶器準備集合罪・同結集罪は，身体の安全ばかりでなく，財産の安全や公共の平穏を図ることをも目的としているので，公共危険罪としての側面も併せもっている。

⑵　傷害罪

　他人の身体を傷害する罪である。法定刑は，15年以下の拘禁刑または50万円以下の罰金（204条）。

(i)　**客体**

　人の身体である。人とは他人をいい，自傷行為は処罰されない。

(ii)　**行為**

　本罪の行為は，傷害することである。「傷害」とは，人の生理的機能に障害を生じさせ健康状態を不良にすることをいう（最判昭27・6・6刑集6巻6号795頁）。これに対して，人の身体の完全性を害することとする説や人の生理的機能を害するとともに身体の外観に重要な変化を加えることとする説も主張されている。毛髪を切り取るなど単なる身体の完全性の侵害は，暴行罪として

処理すれば足りる。

　傷害は，通常，暴行を手段とすることが多いが（有形的方法による傷害），暴行によらないばあい（無形的方法による傷害）もあり得る。たとえば，病人に医薬品を与えないばあいや，だまして落し穴に誘導するばあい（詐称誘導）などが，これにあたる。病毒を感染させるばあいも，暴行によらない傷害にあたる（前掲最判昭27・6・6）。

(iii)　故　意

　傷害の故意があるばあいに本罪が成立するのは，当然である。問題は，暴行の故意があれば足りるか，という点にある。これは，傷害罪は故意犯か結果的加重犯か，として議論される問題である。この点につき，傷害罪は，故意犯であるのはもとより，暴行罪の結果的加重犯でもあると解するのが妥当である（大判明42・4・15刑録15輯438頁，最判昭25・11・9刑集4巻11号2239頁）。その理由は，次の点に求められる。すなわち，①208条は「暴行を加えた者が人を傷害するに至らなかったときは」と規定しているので，傷害罪は暴行の故意をもっておこなわれれば足りると解されること，②つねに傷害の故意が必要であると解すると，暴行の故意で行為をし，傷害の結果を発生させたばあい，過失致傷罪の成立をみとめざるを得なくなるので，暴行の故意で傷害に至らなかったばあいよりも刑が軽くなり均衡を失すること，にある。

　これに対して，傷害罪は純然たる故意犯であり，傷害の故意を要すると解する見解もある。その根拠は，①結果責任主義の遺物である結果的加重犯の観念はできるかぎり否定されるべきこと，②規定の形式も結果的加重犯ではなくて故意犯となっていること，などである。しかし，これに対しては，①暴行という基本行為によって生じさせた傷害の結果について処罰するし，結果についての予見可能性を要求するので，責任主義に反しない，②204条と208条との関係から傷害罪を結果的加重犯と解することができる，との反論が可能である。

⑷　違法性阻却

　被害者の同意に基づく身体傷害の違法性は，具体的状況に応じて判断される。たとえば，輸血のためになされる少量の血液の採取などは，違法性が阻却されるが，しかし，廃疾を伴うような傷害については，違法性は阻却されない。治療行為としておこなわれる手術などは，それが治療の目的で，医学的に承認されている方法でおこなわれるかぎり，違法性が阻却される。

⑶　傷害致死罪

　身体を傷害し，よって人を死亡させる罪である。法定刑は，3 年以上の有期拘禁刑（205 条）。

　本罪は，傷害罪の結果的加重犯である。したがって，行為者が致死の結果について予見していないばあいでなければならない。死亡の結果を予見・認容して傷害に及んだばあいは，殺人罪となる。

　判例は，死の結果についての予見可能性は必要でなく（最判昭 32・2・26 刑集 11 巻 2 号 906 頁），傷害行為と死の結果との間に条件関係があれば足りるとする（最判昭 25・3・31 刑集 4 巻 3 号 469 頁）。しかし，責任主義の見地からは，結果について予見可能性があったこと，傷害と死との間に相当因果関係があることを必要とする。

⑷　傷害現場助勢罪

　傷害罪または傷害致死罪がおこなわれるに当たり現場において勢いを助ける罪である。法定刑は，1 年以下の拘禁刑または 10 万円以下の罰金もしくは科料（206 条）。

(i)　罪　質

　本罪は，傷害罪・傷害致死罪を成立させる暴行・傷害行為がおこなわれている現場において，行為の勢いを助ける煽動的行為（いわゆる「やじ馬」的行為）を独立に処罰するものである。その罪質について，「やじ馬」も幇助の一態様であるが，群集心理を考えて，とくに軽い刑を規定したものと解される。こ

れに対して，幇助に類しているが，厳密には幇助と区別されるべき煽動的行為を，それ自体の危険性を考えて処罰するものと解する説も有力であり，判例もこの立場に立っている（大判昭2・3・28刑集6巻118頁）。

(ii)　行　為

本罪の行為は，勢いを助けることであり，本犯者の気勢を高め，犯罪意思を強めることである。助勢者がみずから人を傷害したばあいには，傷害罪の共同正犯または同時犯が成立し，助勢行為はその罪に吸収される。

(5)　同時傷害の特例

2人以上で暴行を加えて人を傷害したばあいにおいて，それぞれの暴行による傷害の軽重を知ることができず，または，その傷害を生じさせた者を知ることができないときは，共同して実行した者でなくても，共犯の例による（207条）。

(i)　意　義

本条は，暴行による傷害の同時犯にあたる行為の処罰の特例を定めたものである。すなわち，共同正犯のばあい，共同者の誰かが傷害を生じさせれば，全員が傷害の結果についての罪責を負うことになるが，同時犯のばあい，2人以上の者が意思の連絡なしに，たまたま同一機会に同じ犯罪をおこなうときは，各行為者は，それぞれ単独正犯としての罪責を負うにすぎないことになる。そこで，誰が傷害を負わせたのか，を証明できなければ，暴行罪の限度で処罰されるにすぎない。同時に暴行行為がなされたばあい，誰の行為によって傷害が生じたのか，または，傷害の軽重があるとき，そのいずれを誰が生じさせたのか，を立証するのは，非常に困難である。そこで，このような立証の困難から生ずる不都合を避けるため，自分がその傷害を生じさせたのではないことの挙証責任を被告人に負わせ（挙証責任の転換），その証明ができなければ共同正犯として扱うこととしたわけである。

(ii)　本規定の適用範囲

　本条は，例外規定であるから，その適用範囲については厳格に解釈されなければならない。2人以上の者の暴行行為の時間的・場所的関係については，「場所的および時間的に近接していること，ないし，同一機会といえるばあいであること」が必要であると制限的に解すべきである。「人を傷害したばあい」の意義について，傷害（204条）のばあいに限るべきであるとする説もあるが，傷害致死（205条）を含むと解される。判例も，2人以上の者が，共謀しないで他人に暴行を加え，傷害致死の結果を生じさせたが，その傷害を生じさせた者を知ることができないばあいには，本条により，ともに傷害致死罪の責任を負うと解している（最判昭26・9・20刑集5巻10号1937頁）。

　不同意性交等致死傷（181条）・強盗致死傷（240条）などのように，傷害が結果的加重犯ないし結合犯の形で構成要件に取り込まれている犯罪については，本条は適用されない。判例も，2人以上の者が共謀しないで強姦し，被害者に傷害を与えたが，傷害を与えた者が不明のばあいは，本条の適用はないとしている（仙台高判昭33・3・13高刑集11巻4号137頁）。

(6)　暴行罪

　暴行を加えた者が人を傷害するに至らなかったばあいの犯罪である。法定刑は，2年以下の拘禁刑もしくは30万円以下の罰金または拘留もしくは科料（208条）。

(i)　客　体

　本罪の客体は，人の身体である。

(ii)　行　為

　本罪の行為は，人に暴行を加えることである。「暴行」とは，本来，不法な有形力（物理力）の行使をいうが，刑法に規定される暴行には，次の4種の概念がある。すなわち，①「最広義の暴行」は騒乱罪（106条）などにおける暴行のように，人または物に向けられたすべての不法な有形力の行使，②「広

義の暴行」は，公務執行妨害罪（95条1項）などにおける暴行のように，人に対する不法な有形力の行使であるが，直接的に人の身体に向けられるものと，物に対して加えられる間接的な有形力の行使を含む。③「狭義の暴行」は，人の身体に向けられた不法な有形力の行使である。④「最狭義の暴行」は，強盗罪（236条）における暴行のように，人の身体に向けられた不法な有形力の行使であって，その反抗を抑圧する程度のものである。本罪の暴行は③の「狭義の暴行」を意味する。

本罪の暴行は，暴力の行使に限らず，人の身辺で大太鼓・鉦などを強く連打して大きな音をたてるとか（最判昭29・8・20刑集8巻8号1277頁），狭い部屋で日本刀の抜き身を振り回すとか（最決昭39・1・28刑集18巻1号31頁）の行為も含まれる。

本罪は，暴行の意思をもってしたか，傷害の意思をもってしたか，を問わない。傷害の意思で暴行にとどまったばあいは，理論上は傷害罪の未遂であるが，その処罰規定がないので，実定法上は，暴行罪として処罰される。

(iii) 違法性阻却

柔道，剣道，相撲，ボクシング，レスリングなどのスポーツは，暴行を内容としているが，正当行為または業務行為として違法性が阻却される。

(7) 凶器準備集合罪・同結集罪（208条の2）

2人以上の者が他人の生命，身体または財産に対し共同して害を加える目的で集合したばあいにおいて，凶器を準備して集合するか，または，その準備があることを知って集合する罪が凶器準備集合罪（狭義）である。法定刑は，2年以下の拘禁刑または30万円以下の罰金（208条の2第1項）。前記のばあいにおいて，凶器を準備して人を集合させるか，または，その準備があることを知って人を集合させる罪が，凶器準備結集罪である。法定刑は3年以下の拘禁刑（同条2項）。

(i) 罪 質

本罪の保護法益は，個人の生命・身体または財産の安全のほかに，公共の平穏も含まれる。すなわち，本罪は，傷害・建造物損壊・器物損壊の予備罪的性格をもつとともに，公務執行妨害・騒乱などの罪の補充的役割をも果たしており，本罪の第1次的な保護法益は個人的法益であり，第2次的な法益は社会生活の平穏なのである。

(ii) 凶器準備集合罪（狭義）

(a) 構成要件的状況

凶器準備集合罪が成立するための「行為状況」として，2人以上の者が生命・身体または財産に対し共同加害の目的で集合したばあいであることが必要である。「共同して害を加える目的」とは，加害行為を共同して実行しようとする意思をいう。加害行為は，個人的法益に対する罪に限らず，放火罪などの社会的法益に対する罪や公務執行妨害罪などの国家的法益に対する罪を犯すばあいを含む。共同実行の形態によってこれを実現する目的が必要とされるので，数人が集合して加害行為を共謀しその中の1人に実行させるようなばあいは，これから除かれる。集合した2人以上の者が，このような共同の目的をもっていたことを要する。

「集合」とは，2人以上の者が共同加害の目的をもって，時および場所を同じくして集まることをいう。すでに一定の場所に集まっている2人以上の者が，その場で凶器を準備し，またはその準備のあることを知ったうえで共同加害の目的を有するに至ったばあいも，本条にいう「集合」にあたる（最決昭45・12・3刑集24巻13号1707頁）。

単なる集合の状態が発展して，集合の目的である共同加害の実行行為が開始されたばあい，この構成要件的状況は存続するのか否か，が問題となる。これが消滅したものと解する説（消滅説）もあるが，凶器を準備して集合している状態が存在しているかぎり，構成要件的状況は存続していると解すべきである（存続説）。

たしかに，本罪の個人的法益に対する罪の予備罪的側面を重視すると，行

為が実行の段階に入った以上，本罪は成立の余地がないと解し得る。しかし，本罪の公共危険罪的側面を考慮すると，集団の一部で加害行為が実行されても，本罪の構成要件的状況が消滅すると考えるべきではないことになる。すなわち，凶器準備集合罪は公共の平穏をも保護法益としているので，集合体によって加害行為の実行が開始された後においても，なお集合状態が続いているかぎり，公共の平穏が侵害され，または危険にさらされている状態が依然として存続しているといえるのであり，むしろ凶器を準備した集合体のもつ危険性・脅威は，加害行為の開始によってかえって増大し，加害行為が開始されても，なお意図された加害が終了していないかぎり，共同加害目的，凶器の準備があり，乱闘になっても集合していないということにはならないのである。

　この問題の実益は，共同加害行為の開始後に，凶器を準備し，またはその準備のあることを知って集合した者の罪責に関して生ずる。すなわち，存続説をとると，加害行為開始後も本罪の成立の可能性がみとめられるのに対して（たとえば，前掲最決昭45・12・3），消滅説をとると，実行の開始後は本罪の成立の可能性は否定されることになるわけである。

(b)　行　為

　本罪の行為は，凶器を準備し，またはすでにその準備があることを知って集合することである。

　「凶器」とは，人を殺傷すべき特性をもった器具をいう。凶器には，通常，銃砲刀剣類のように，その本来の性質上，凶器と考えられる「性質上の凶器」と，鎌や棍棒のように，本来の性質上は凶器ではないが，用法によっては凶器としての効用をもつ「用法上の凶器」とがある。性質上の凶器については，問題はほとんどないが，用法上の凶器については，その範囲が問題となる。

　判例は，凶器とは「社会の通念に照らし人の視聴上直ちに危険の感を抱かしむるに足るもの」をいうと判示して，用法上の凶器に限界を設けている（大判大14・5・26刑集4巻325頁。旧衆議院議員選挙法93条1項に関する事案）。たとえば，長さ1メートル前後の角棒（前掲最決昭45・12・3），長さ約120センチ，太さ約3・5センチ×4・5センチの角材の柄のついたプラカード（東京地判昭46・

3・19刑月3巻3号444頁）なども凶器であるとする。最判昭47・3・14（刑集26巻2号187頁）は，エンジンをかけていつでも発進できるように待機しているダンプカーは凶器ではないとしている。

　用法上の凶器の範囲について，学説は，①もっぱら器具そのものの大きさ，形状，性質，構造などの外観に着目して客観的に判断すべきであるとする立場と，②具体的事案において，客観的および主観的要素を基にして凶器にあたるかどうか，を判断すべきであるとする立場とに分かれている。本罪の予備罪的性格を重視する見地は，①の客観的凶器概念に赴くことになり，公共危険罪の性格を強調する見地は，②説に赴くことになる。

　「凶器の準備」とは，凶器を必要に応じていつでも加害行為に使用できる状態におくことをいう。凶器を準備する場所は，必ずしも集合の場所と一致する必要はないが，必要に応じて加害行為に使用することが可能な場所でなければならない。準備があることを知って「集合」するとは，すでに凶器の準備がなされていることを認識しつつ，共同加害の意思をもってその集合に加わることをいう。

(c)　罪　　数

　本罪が成立した後，暴行・傷害・殺人などの加害行為が開始されたばあい，本罪とこれらの罪は，牽連犯となる。しかし，判例は，併合罪説の立場に立っている（最決昭43・7・16刑集22巻7号830頁，最決昭48・2・8刑集27巻1号1頁。暴力行為等処罰法1条の罪に関する）。

(iii)　凶器準備結集罪

　本罪は，2人以上の者が共同して他人の生命・身体・財産に害を加える目的で集合したばあいにおいて，凶器を準備し，または凶器の準備があることを知って人を集合させることによって成立する。「人を集合させる」とは，他人に働きかけて，時および場所を同じくさせることをいう。

　本罪は，凶器準備集合の状態を積極的に作り出すものであるから，本罪が成立するためには，凶器準備集合の状態を形成するについて主導的な役割を演ずる行為，つまり2人以上の者を集合させて自己の支配下におく行為が必

要であり，個々の集合行為の単なる教唆，つまり 1 人の者に集合を働きかけ
る行為は，集合罪の教唆犯にとどまり本罪の正犯とはならない。

　同一人が集合罪と結集罪をともにおこなったばあいは，包括して重い結集
罪が成立する（最決昭 35・11・15 刑集 14 巻 13 号 1677 頁）。

(8)　過失傷害の罪

(i)　総　説

　刑法は，故意犯を原則とし，過失犯を例外的なものとしている（38 条 1 項）。
過失犯は，故意犯よりも犯される頻度が低いので，違法性の程度が低く，ま
た，間接的な規範違反にすぎないので，責任も軽いと解されてきたからであ
る。しかし，高度に産業化された今日では，科学・技術の発展に伴い，生命・
身体に危害を及ぼす産業が増加し，大規模な産業事故が続発するようにな
り，さらに交通機関の発達に伴う交通事故の激増によって，過失犯は単なる
例外現象とはいえなくなっている。

　過失致死傷罪の成立要件は，①人の死傷という結果の発生，②行為と結果
との間の因果関係の存在，③注意義務違反である。注意義務は，結果の予見
可能性を前提とする予見義務と結果回避の可能性を前提とする結果回避義務
からなる。従来，予見可能性と予見義務が注意義務の核心をなすと解されて
きたが，結果回避義務に重点をおくべきであると考える（新過失犯論）。

(ii)　過失傷害罪（過失致傷罪）

　過失により人を傷害する罪である。法定刑は，30 万円以下の罰金または科
料（209 条 1 項）。本罪は，親告罪である（同条 2 項）。

　本罪は，注意義務に違反して他人の身体を傷害する罪である。注意義務は，
法令のほか慣習・条理に基づいて生ずる（大判大 7・4・10 刑録 24 輯 317 頁，最決
昭 32・12・17 刑集 11 巻 13 号 3246 頁）。傷害罪は，暴行罪の結果的加重犯を含ん
でいるので，傷害の結果・暴行について表象・認容がなかったことを要する。

(iii)　過失致死罪

　過失により人を死亡させる罪である。法定刑は、50万円以下の罰金（210条）。

　本罪は、過失行為によって人を死亡させる罪であり、死亡の結果の発生のほかは、過失傷害罪の要件と同じである。暴行・傷害について表象・認容があるばあいには、傷害致死罪となる。しかし、暴行について表象・認容があっても、その暴行が違法でないばあいには、本罪が成立する。

(iv)　業務上過失致死傷罪

　業務上、必要な注意を怠って人を死傷させる罪である。法定刑は、5年以下の拘禁刑、または、100万円以下の罰金（211条前段）。

(a)　意　義

　危険な業務に携わる者の過失による人身事故に関して、過失傷害罪および過失致死罪よりも刑を加重している。業務上の過失が刑を加重されるのは、業務者には通常人よりも「特別に高度な注意義務」が課せられているため、これに違反する点で責任がより重くなっているからである（大判大3・4・24刑録20輯619頁）。これに対して、被害法益の重大性・多数性により違法性の程度が高いからであるとする説、業務者は通常人よりも高い予見能力を有しているため、結果発生について責任が重いからであるとする説や一般予防の見地から業務者一般に警戒させるためとする説などが主張されている。

(b)　業務の内容

　上記のように本罪は、業務性を理由とする加重類型であるが、本罪の「業務」とは、「人が社会生活上の地位にもとづいて反覆・継続して行う事務であり、その性質上、人の生命・身体に対する危険を包含するもの」をいう（最判昭33・4・18刑集12巻6号1090頁）。したがって、業務の要件は、①社会生活上の地位に基づくものであること、②危険性のある事務であること、③反覆継続性の3つである。

　職業・営業であることを要せず、報酬・利益を伴うものでなくてもよい。公務・私務、本務・兼務のいかんを問わない（最判昭26・6・7刑集5巻7号1236

頁)。本来の仕事に付随する事務や娯楽のためのものも含まれる。

　危険性のある事務は，直接，危険を作り出す性質のもの，たとえば，電車などの運転や医療行為などのほか，発生のおそれのある危険を防止することが期待される地位にあるもの，たとえば，旅館・ホテルの経営者なども含まれる。業務上必要な注意の程度については，業務者に特別な高度の注意義務を課したものと解されるが（前掲大判大3・4・24），その業務につく普通の人が払わなければならない注意であるとする見解もある。

(c)　行　為

　本罪の行為は，業務上，必要な注意を怠り，よって人を死傷することである。いいかえると，それは，業務上の注意義務に違反して人を死傷することを意味する。その注意義務の内容は，当該業務に関して類型化されるが，具体的状況に即して具体化されることになる。

(v)　重過失致死傷罪

　重大な過失によって人を死傷させる罪である。法定刑は，業務上過失致死傷罪と同じである（211条後段）。

　「重大な過失」とは，注意の義務違反の程度が著しいことをいい，一般的に死傷を発生させる可能性が相当に高い状況のもとで注意義務に違反することを意味する。すなわち，ほんの少しの注意を払えば結果の発生を防止できたのに，それを怠ったばあいをいうのである。

　業務上の過失も，注意義務違反の程度が著しい点においては，重過失と同じであるが，行為者が業務性を有することによって特殊類型とされているので（不真正身分犯），業務上過失致死傷罪が成立するばあいは，本罪は成立しないことになる。

(9)　堕胎の罪

(i)　総　説

(a)　保護法益

　堕胎の罪は，胎児と妊婦の生命・身体を保護するものである。すなわち，

その保護法益は，胎児の生命・身体の安全だけでなく，母親の生命・身体の安全を含むのである。母親の生命・身体の安全保護も考慮されていることは，第3者がおこなう堕胎を妊婦自身がおこなうばあいよりも重く処罰している点に表われている。

本罪は危険犯である。

(b)　堕胎行為

「堕胎」とは，自然の分娩期に先だって人為的に胎児を母体外に排出させることをいう。その結果として胎児が死亡することを必要としない。したがって，母体内で胎児を殺害するのも堕胎にあたる。

堕胎の方法には制限がない。薬物・器具その他の方法によるとを問わない。

堕胎罪は，胎児が母体外に排出された時，または母体内で殺害された時に既遂となる。

(c)　違法性阻却

母体保護法が医学的・社会的・経済的・倫理的などの見地から，広範囲に人工妊娠中絶事由をみとめているので，広く適法化がなされている。そのため，堕胎罪の規定は有名無実化している。そこで，立法論として，自己堕胎・同意堕胎などは不可罰にすべきであるとする主張も有力である。しかし，胎児や母体の生命・身体の安全を保護することは，刑法の理念とも合致し，本罪が一方において性道徳の維持を果たしていることから，なお本罪を残すべきであると解されている。

(d)　客　体

堕胎行為の客体は，妊婦および胎児である。胎児は，受胎の時から刑法上，人となるに至るまでであり，一部でも母体外に出れば，人として殺人罪などの客体となる。堕胎当時における妊娠期間および発育の程度のいかんを問わない。

(ii)　自己堕胎罪

妊娠中の女子が薬物を用い，またはその他の方法により堕胎する罪である。法定刑は，1年以下の拘禁刑（212条）。

主体は，妊娠中の女子に限られる（身分犯）。

堕胎行為は，妊婦自身が直接おこなっても，他人に頼んで実施させてもかまわない。同意堕胎罪および業務上堕胎罪を嘱託・承諾した妊婦は，それらの罪の教唆犯または従犯ではなく，本罪にあたる。

(iii)　同意（承諾）堕胎罪・同致死傷罪

女子の嘱託を受け，またはその承諾を得て堕胎させる罪である。法定刑は，2年以下の拘禁刑。よって婦女を死傷させたときは，3月以上5年以下の拘禁刑（213条）。

本罪の主体は，214条に掲記されている医師などの身分をもたない者である。その身分をもつ者がおこなったばあいには，214条が適用される。

「堕胎させる」とは，行為者みずから堕胎行為を実行することをいう。婦女を教唆し，その承諾を得たうえで堕胎をおこなうばあいは，本罪を構成する。

後段は，前段の同意堕胎罪の結果的加重犯である。死傷は，堕胎行為に基づいて生じたものに限られるが，分娩に通常，付随して発生する創傷は，これに含まれない。堕胎行為が既遂であると未遂であるとを問わない（大判大13・4・28新聞2263号17頁）。これに対して，堕胎が既遂に達したことを要するとする見解もある。

(iv)　業務上堕胎罪・同致死傷罪

医師・助産師・薬剤師または医薬品販売業者が，女子の嘱託を受け，またはその承諾を得て堕胎させる罪である。法定刑は，3月以上5年以下の拘禁刑。よって女子を死傷させたときは，6月以上7年以下の拘禁刑（214条）。

本条の主体は，医師・助産師・薬剤師または医薬品販売業者という特定の業務者に限定され，前条の罪の刑が加重される（不真正身分犯）。

後段は，前段の結果的加重犯である。結果的加重犯としての扱いについては，同意堕胎致死傷罪の項を参照されたい。

(v)　不同意堕胎罪

女子の嘱託を受けず，またはその承諾を得ないで堕胎させる罪である。法定刑は，6月以上7年以下の拘禁刑。未遂を罰する（215条）。

本罪は，堕胎の罪の中で最も重く処罰されるものであるが，堕胎の罪の基本型である。

主体のいかんを問わない。214条に掲記されている者も本罪の主体となり得る。

本罪の行為は，妊婦の嘱託も承諾もなしに堕胎させることである。

(vi)　不同意堕胎致死傷罪

不同意堕胎罪またはその未遂罪を犯し，よって女子を死傷させる罪である。傷害の罪と比較して，重い刑により処断する（216条）。

本罪は，215条の罪の結果的加重犯である。

「重い刑により処断する」とは，法定刑を比較して，上限・下限とも重い法定刑によって処断することを意味する（最判昭32・2・14刑集11巻2号715頁）。

(10)　遺棄の罪

(i)　総　説

遺棄の罪は，老人・幼児・身体障害者・病人など，他人の扶助を要する者を保護のない状態におくことによって被遺棄者の生命・身体に危険を生じさせる罪である。

(a)　客　体

本罪の客体は，老年・幼年・身体障害・疾病のために扶助を必要とする者である。「扶助を必要とする」とは，他人の助けを借りなければ1人では日常生活上の必要な動作をなし得ないことをいい（大判大4・5・21刑録21輯670頁参照），経済状態とは無関係である。

「疾病」とは，肉体的・精神的に疾患があることを意味し，原因，治癒の可能性の有無を問わない。

(b) 行 為

遺棄および生存に必要な保護をしないことである。

「遺棄」には，狭義の遺棄と広義の遺棄がある。「狭義の遺棄」は，移置，すなわち，被遺棄者をその生命・身体に危険な場所へ移転することをいう。その「危険」が具体的危険でなければならないと解するのが妥当であるが，判例・通説は，本罪の性格と被遺棄者の保護という観点から，抽象的危険で足りると解している（大判大4・5・21刑録21輯670頁）。

「広義の遺棄」は，移置のほか，置去り，すなわち，被遺棄者を危険な場所に遺留して立ち去る行為をも含む。

(ii) 単純遺棄罪

老年，幼年，身体障害または疾病のために扶助を必要とする者を遺棄する罪である。法定刑は，1年以下の拘禁刑（217条）。

本罪の主体は，被遺棄者に対して保護責任をもたない者である。

本罪の行為は，遺棄することである。本罪の遺棄は，「狭義の遺棄」（つまり移置）に限られる。狭義の遺棄罪は，作為犯であるが，置去りにする遺棄罪は，不真正不作為犯であるから，それが犯罪とされるのは作為義務があるばあいであり，保護責任のない者の遺棄は狭義の遺棄でなければならないとされる。

これに対して，扶助を必要とする者が任意に立ち去るのに任せておくばあいは，不作為による移置であり，被遺棄者が保護者に接近するのを妨害する行為は，作為による置去りであるから，移置はつねに作為犯，置去りは不作為犯とは限らないとする見解によれば，本罪の遺棄は，狭義の遺棄のほか，作為による置去りをも含むことになる。

保護責任のない者が，自己の占有する場所内に老年・幼年・身体障害または疾病のために扶助を必要とする者がいることを知りながら，これを公務所に申し出ない不作為は，軽犯罪法1条18号違反とはなるが，本罪は構成しない。

(iii)　保護責任者遺棄罪

　老年者・幼年者・身体障害者または病者を保護する責任のある者が，これらの者を遺棄し，またはその生存に必要な保護をしない罪である。法定刑は，3月以上5年以下の拘禁刑（218条）。

(a)　主　体

　本罪の主体は，保護責任者に限られる（真正身分犯）。「保護責任者」とは，法律上，老年者・幼年者・身体障害者または病者の生命・身体の安全を保護すべき義務を負う者をいう。

　保護義務の根拠は，法令の規定，契約，事務管理，条理である。たとえば，法令による保護義務として，親権者の監護義務（民820条），親族の扶養義務（民877条以下），警察官の保護義務（警職3条）などがあり，契約による保護義務として，養子縁組に基づく幼児に対する保護義務（大判大5・2・12刑録22輯134頁），同居の雇人に対する雇主の保護義務（大判大8・8・30刑録25輯963頁）があり，事務管理による保護義務として，病気になった同居人に対する保護義務（大判大15・9・28刑集5巻387頁）があり，条理に基づく保護義務として，自動車の運転者が過失によって通行人を負傷させたばあいに先行行為に基づいて生ずる保護義務やパーティを組んで登山した仲間が山で重傷を負ったばあいの保護義務などがある。

(b)　行　為

　本罪の行為は，遺棄または生存に必要な保護をしないことである。本罪における遺棄は，広義の遺棄を意味し，作為による遺棄と不作為による遺棄を含む。不作為による遺棄は，たとえば，行為者がその位置を動かずに被害者が立ち去るのに任せるとか，被遺棄者と行為者との間の離隔を除去しないばあいなどである。

　「生存に必要な保護をしない」とは，要保護者との間に場所的離隔を生じさせないままで，その保護責任を尽くさないことをいう。

(iv)　遺棄致死傷罪

　単純遺棄罪・保護責任者遺棄罪を犯し，よって人を死傷させたときは，傷

害の罪と比較して，重い刑により処断する（219条）。

　本罪は，単純遺棄罪・保護責任者遺棄罪の結果的加重犯である。遺棄行為・生存に必要な保護をしない行為と致死傷との間に因果関係が存在することが必要である。

　行為者が，単純遺棄罪・保護責任者遺棄罪の故意をもって行為すれば足りる。被遺棄者の生命・身体に危害を加える認識をもって行為すれば，殺人罪または傷害罪が成立する。

　傷害の罪（致傷のばあいは204条，致死のばあいは205条）と比較して，重い刑によって処断される。すなわち，法定刑の上限，下限ともに重いほうで処罰されることになる。

第2章　個人的法益に対する罪(2)
——自由・名誉に対する罪

1 自由に対する罪

(1) 意　義

　自由は，人格としての個人にとって生命・身体の次に価値を有するものといえる。自由に対する罪は，意思決定の自由および身体的活動の自由という法益を侵害ないし危険にさらす行為を処罰するのであって，脅迫の罪（第2編第32章），逮捕及び監禁の罪（第2編第31章），略取及び誘拐の罪（第2編第33章）から成る。

(2) 脅迫の罪
(i) 種　類

　脅迫の罪には，脅迫を手段として「生命，身体，自由，名誉または財産」を侵害されるかも知れないという恐怖心を他人にいだかせ，またはその恐怖心をいだかせるに足りる状態を作り出す「脅迫罪」（222条），および，脅迫・暴行を手段として他人の意思決定ないし行動の自由を侵害する「強要罪」（223条）の2種類がある。強要罪が意思決定の自由・身体的活動の自由に対する罪である。

(ii) 脅迫罪
(a) 罪　質

　本罪は，生命，身体，自由，名誉または財産に対し害を加える旨を告知して人を脅迫する罪である。法定刑は2年以下の拘禁刑または30万円以下の罰金（222条）。

脅迫罪は，脅迫を手段として人の意思に影響を与えることによって人の意思ないし行動の自由を侵害する犯罪である。

(b) 行 為

脅迫罪の行為は，相手方またはその親族の生命，身体，自由，名誉または財産に害を加える旨を告知して人を脅迫することである。「脅迫」とは，人を畏怖させるに足りる害悪を告知することをいう。

告知される害悪の内容は，構成要件上，本人またはその親族の生命・身体・自由・名誉・財産に対して害を加えることに限定されている。

貞操は，性的自由を内容とするので，「自由」に含まれる。いわゆる「村八分」の決議は，「名誉」に対する害悪の告知として脅迫罪を構成する。

脅迫は，他人に対して，通常人を畏怖させるに足りる害悪を加えることを告知すれば足り，現実にその相手方に畏怖心を生じさせる必要はない。第3者による加害を告知の内容とするばあいには，告知者が第3者の加害行為の決意に影響を与え得る地位にあることを相手方に告知しなければならないが，実際にそのような地位にあることは必要ではない。たんに吉凶禍福の発生を告知するのは，「警告」であって脅迫ではない。しかし，天変地異や吉凶禍福の告知であっても，それが告知者の支配力の範囲内にあることを相手方に印象づける方法でおこなわれるばあいには，脅迫となる。そうすると，脅迫と警告は，告知される害悪が行為者の支配内にあるか否か，によって区別されることになる。

(c) 既 遂

本罪は，害悪が相手方に知られた時に既遂となる。したがって，害悪を告知する行為はなされたが，相手方がこれを認識しなかったばあいは，論理的には未遂であるが，処罰規定がないので，不可罰である。

(iii) 強要罪
(a) 意 義

本罪は，相手方の生命，身体，自由，名誉もしくは財産に対し害を加える旨を告知して脅迫し，または暴行を用いて，人に義務のないことをおこなわ

せ，または，権利の行使を妨害する罪（223条1項）とその親族の生命，身体，自由，名誉または財産に対して害を加える旨を告知して脅迫し，人に義務のないことをおこなわせ，または権利の行使を妨害する罪である（同条2項）。法定刑は，3年以下の拘禁刑，未遂を罰する（同条3項）。

(b)　行　為

本罪は，脅迫または暴行を手段として人に義務のないことをおこなわせ，または権利の行使を妨害することによって成立する。「義務のないことをおこなわせる」とは，自己にまったく権利がなく，したがって，相手方にその義務がないにもかかわらず，強いて作為，不作為または受忍をさせることをいう。「権利の行使を妨害する」とは，公法上または私法上の権利を行使するのを妨げることであり，たとえば，告訴権の行使を妨害したり，契約上の諸権利の行使を妨げたりすることなどが，これにあたる。

(3)　逮捕及び監禁の罪

(i)　逮捕・監禁罪

(a)　意　義

刑法上，逮捕及び監禁の罪は，逮捕・監禁罪（220条）および逮捕・監禁致死傷罪（221条）から成る。逮捕・監禁罪は，不法に人を逮捕し，または監禁する罪である。本罪は，不法に人を逮捕し，または監禁する罪である。法定刑は，3月以上7年以下の拘禁刑（220条）。

逮捕・監禁罪は，逮捕・監禁行為によって人の身体および行動の自由を侵害する犯罪である。逮捕と監禁は，同一の構成要件の中の態様の違いにすぎず，法定刑もまったく同一であるので，犯罪類型として両者をあえて区別する実践的意義は乏しいといえる。両者は，一括して逮捕・監禁罪として把握するのが妥当である。したがって，人を逮捕し引き続き監禁したばあいには，包括的に観察して，220条の単純一罪が成立する。

逮捕・監禁罪は，身体的活動の自由を拘束する罪であるから，本罪が成立するためには，ある程度の時間的継続が必要である。したがって，本罪は「継続犯」である。たんに一時的に身体を束縛するにとどまるばあいは，暴行罪

を構成するにすぎず，本罪は成立しない。

(b) 客 体

　本罪は，身体的活動の自由を拘束するものであるから，客体は自然人に限られる。しかし，自然人であっても，行動の自由をまったく有しない嬰児や高度の精神病によって意識を欠く者などは，客体とはなり得ない。通説によると，本罪によって保護される行動の自由は「可能的自由」ないし「潜在的自由」であるから，泥酔者や熟睡中の者も本罪の客体となり得ることになる。しかし，行動の自由は「現実的な自由」であることを必要とすると解すべきであるから，泥酔者・熟睡中の者は客体になり得ないとするのが妥当である。

　この問題と関連して，本罪が成立するためには，被害者が逮捕・監禁の事実，つまり自由が剥奪されていることを認識することを要するか，が問題となる。行動の自由を可能的ないし潜在的自由と解する立場からは，可能的自由が奪われるかぎり，被害者の「現実的な意識」のいかんを問うべきではないとされる。したがって，泥酔者や熟睡中の者の部屋に鍵をかける行為は，それらの者がこれを知らなくても監禁罪を構成することになる。しかし，「自由の意識」を欠く者の自由を拘束することはあり得ないので，泥酔者や熟睡中の者の部屋に鍵をかけても監禁罪は成立しないと解すべきなのである。

(c) 行 為

　本罪の行為は，人を逮捕または監禁することである。

　(α)　「逮捕」とは，人の身体に対して暴行・脅迫などの物理的または心理的な力を加えて行動の自由を直接的に剥奪することをいう。たとえば，縄で縛ったり，暴力で身体を押さえつけたり，羽交い締めにしたりするなどの有形的方法によってなされるばあいが多い。しかし，無形的方法によるばあいもある。たとえば，被害者にピストルを突きつけて一定の時間その場所から動けないようにすること（脅迫による逮捕）や警察官と偽って相手方を錯誤に陥れ警察署に連行すること（偽計による逮捕）などが無形的方法による逮捕にあたる。

　(β)　「監禁」とは，人が一定の場所から脱出することを不可能ないし著しく困難にすることをいう。監禁罪も，その方法が有形的であると無形的であ

るとを問わない。暴行または脅迫によるばあいだけに限らず，偽計によっても成立する。たとえば，偽計によって自動車に乗せて疾走する行為は，監禁罪を構成するのである。

脅迫による監禁罪が成立するためには，その脅迫は被害者が一定の場所から立ち去ることができない程度のものでなければならない。脅迫以外の方法による被害者の恐怖心を利用した監禁や羞恥心を利用した監禁などもある。たとえば，強いて自動車に乗せてこれを疾走させて降車不能とすることや屋根の上にいる者の梯子を外すことなどが，前者の例であり，入浴中の婦人の衣類を持ち去ってその場から出られなくすることが，後者の例である。

監禁行為は，不作為によってもなされ得るし，間接正犯の形式でもなされ得る。たとえば，看守が，室内に人がいるのを知らずに部屋の鍵をかけたが，後で人がいることに気づいたにもかかわらず，そのまま放置してその人を解放しなかったようなばあいに，不作為による監禁がみとめられる。情を知らない警察官を欺いて無実の者を留置させたようなばあい（大判昭14・11・4刑集18巻497頁）が，間接正犯の形式によってなされる監禁の例である。

（γ）**違法性**　逮捕・監禁罪は，法文上，「不法に」人を逮捕または監禁するものとされている。「不法に」とは，「違法に」というのとまったく同じであり，違法性の一般的要件を表現したものにすぎず，特別の意義を有するわけではない。

(ii) 逮捕・監禁致死傷罪

本罪は，逮捕・監禁罪を犯し，よって人を死傷させる罪である。法定刑は，傷害の罪と比較して重い刑により処断する（221条）。

本罪は，逮捕・監禁罪の結果的加重犯である。

本罪の前提として，逮捕・監禁罪が成立したことが必要である。したがって，適法な逮捕・監禁の結果，人を死傷させたばあいには，本罪ではなく過失致死傷罪が成立するのである。

⑷　略取及び誘拐の罪

(i)　総　説

(a)　犯罪類型

　略取及び誘拐の罪は，人をその者の従来の生活環境から離脱させて自己または第3者の事実的な支配下におく犯罪である。「略取罪」および「誘拐罪」を一括して「拐取罪」という。本罪は，未成年者拐取罪（224条），営利目的等拐取罪（225条），身の代金目的拐取罪（225条の2第1項），身の代金要求罪（225条の2第2項，227条4項後段），所在国外移送目的拐取罪（226条），人身売買罪（226条の2），被拐取者等所在国外移送罪（226条の3），被略取者等引渡等罪（227条1項〜3項，4項前段），およびこれらの罪の未遂罪（228条），身代金目的拐取等予備罪（228条の3）から成る。

(b)　保護法益

　本罪の保護法益は，被拐取者の自由であるが，被拐取者が未成年者・精神病者であるばあいには，親権者などの保護監督権もまた法益に含まれる。

　本罪の保護法益と関連して，本罪は継続犯なのか，それとも状態犯なのか，が問題となる。本罪は，原則として継続犯であるが，被拐取者がまったく行動の自由を欠く嬰児や高度の精神病者などであるばあいは，もっぱら保護監督権の侵害が考慮されるべきであるから，その限りでは状態犯と解される。しかし，判例は継続犯説をとっている。

(c)　行　為

　(α)　意義　本罪における基本的な行為である「略取」・「誘拐」の意義をここで見ておくことにする。「略取」とは，暴行または脅迫を手段として，他人をその生活環境から離脱させ，自己または第3者の事実的支配の下におくことをいう。略取の手段としてなされる暴行・脅迫は，必ずしも被害者の反抗を抑圧するに足りる程度のものであることを必要としないが，被害者を自己または第3者の実力支配内に移すことができる程度のものでなければならない。

　「誘拐」とは，欺罔または誘惑の手段により他人を自己の実力支配内に移すことをいう。欺罔とは，虚偽の事実を告げて相手方を錯誤に陥れることを意

味し，誘惑とは，欺罔の程度には達しないが甘言をもって相手方を動かし，その判断の適正を誤らせることを意味する。このように略取と誘拐は，他人を自己または第3者の実力支配下に移す「手段」によって区別される。

　（β）　**場所的移転の要否**　略取・誘拐は被拐取者を場所的に移転させることを必要とするか否か，について，見解の対立がある。この点に関しては，実際上，場所的移転を伴うのが通例であるが，未成年者などに対する略取・誘拐のばあいには，保護監督者を欺罔し，または，これに暴行・脅迫を加えて立ち去らせるような方法でも犯し得るので，場所的移転は必要ではない。

　(d)　**被害者の承諾**

　本罪において被害者の承諾が違法性阻却事由となり得るか，について見解が分かれている。すなわち，社会通念上，略取・誘拐は，公序良俗に反する行為であるから，被害者の承諾は本罪の違法性阻却事由たり得ないと解する説と違法性阻却事由となり得るとする説が主張されている。後者が妥当であると解される。

　暴行・脅迫の手段と欺罔・誘惑の手段とが併用されるばあいには，これを合一して略取・誘拐の一罪として扱うべきである。

　(ii)　**未成年者略取・誘拐罪**

　本罪は，未成年者を略取し，または誘拐する罪である。法定刑は，3月以上7年以下の拘禁刑（224条）。未遂を罰する（228条）。

　本罪の客体は，未成年者である。未成年者とは，満20歳未満の者をいう。未成年者であれば足り，意思能力の有無を問わない。実際上，意思能力を有する未成年者については誘拐罪も成立し得るが，意思能力を有しない者については略取罪しか成立し得ない。

　本罪の行為は，略取または誘拐である。

　未成年者を，営利・わいせつ・結婚の目的，身代金取得の目的または所在国外移送の目的で拐取したばあいには，それぞれ営利目的等拐取罪，身の代金目的拐取罪，所在国外移送目的拐取罪が成立し，本罪はそれらの罪に吸収される。

(iii)　営利目的等拐取罪

　本罪は，営利，わいせつ，結婚または生命もしくは身体に対する加害の目的で，人を略取しまたは誘拐する罪である。法定刑は，1年以上10年以下の拘禁刑（225条）。未遂を罰する（228条）。

　本罪の客体は，未成年者でも成年者でもよく，男女のいかんを問わない。未成年者が客体であるばあいには，本罪だけが成立し，未成年者拐取罪は成立しない。

　本罪は目的犯である。「営利の目的」とは，財産上の利益を得，または第3者に得させる意図をいう。それは，営業的に利益を得る目的であることを必要とせず，また継続して利益を得る目的であることも必要としない。被拐取者に売春をさせて利益を得るような被拐取者の直接的利用だけでなく，およそ被拐取者を利用し，その自由の侵害または保護状態を不良に変更することを手段として財産上の利益を得ようとするばあいも含まれる。

　「わいせつの目的」とは，被拐取者をわいせつ行為の主体または客体とする意図をいう。すなわち，被拐取者に対して，わいせつな性的行為をし，または第3者にそれをおこなわせるばあいだけでなく，被拐取者に売春をさせるばあいをも含むのである。「結婚の目的」とは，行為者または第3者と事実上の結婚をさせる意図をいう。法定刑は，無期または3年以上の拘禁刑（225条の2第1項）。未遂を罰する（228条）。

(iv)　身の代金目的略取等罪

　本罪は，近親者その他略取され，または誘拐された者の安否を憂慮する者の憂慮に乗じてその財物を交付させる目的で，人を略取し，または誘拐する罪である。法定刑は，無期または3年以上の拘禁刑（225条の2第1項）。

　本罪の客体は，人であり，成年・未成年，男・女のいずれかを問わない。

　本罪は，目的犯であり，営利拐取罪の加重類型である。本罪における目的の内容は，近親者その他被拐取者の安否を憂慮する者の憂慮に乗じてその財物を交付させることである。被拐取者の安否を憂慮する者とは，近親者と同様に親身になって憂慮心痛する者をいい，たんに同情しつつ傍観するにすぎ

ない同情的な傍観者を含まない（最決昭 62・3・24 刑集 41 巻 2 号 173 頁）。兄弟姉妹はもとより，法律上，親族関係はなくても継親子の関係にある者や住込みの店員と店主との関係にある者なども，これに含まれる。判例によれば，相互銀行の代表取締役が略取されたばあいの同銀行の幹部ら（前掲最決昭 62・3・24）や末端の銀行員が略取されたばあいにおける同銀行の頭取（東京地判平 4・6・19 判タ 806 号 227 頁）が，これにあたる。事実上の保護関係のある者は，おおむねこれに含まれる。「憂慮に乗じて」とは，憂慮する心理を利用することを意味する。

　本罪の目的は，「財物」を交付させることにあり，その財物は，被拐取者の安否を憂慮する者の管理にかかる財物である。その財物が金銭を含むことはいうまでもない（「身の代金」）。

　身の代金の取得を目的とするかぎり，未成年者拐取罪，わいせつ・結婚を目的とする拐取罪は，本罪に吸収される。

⒱　身の代金要求罪・同取得罪

　本罪は，人を略取しもしくは誘拐した者が，近親者その他被拐取者の安否を憂慮する者の憂慮に乗じて，その財物を交付させ，またはこれを要求する罪である。法定刑は，無期または 3 年以上の拘禁刑（225 条の 2 第 2 項）。

　本罪の主体は，人を略取しまたは誘拐した者または被拐取者を収受した者である。

　本罪の行為は，近親者その他被拐取者の安否を憂慮する者の憂慮に乗じてその財物を交付させ，または，これを要求する行為をすることである。財物を「交付させる」とは，相手方の提供する財物を受領するばあいのほか，相手方が黙認している状況のもとでその財物を取得するばあいを含む。

　「要求する行為をする」とは，財物の交付を求める意思表示をすることである。このばあい，「要求する」とは異なって，その意思表示は相手方に到達しなくてもかまわない。すなわち，実質的には要求の未遂にあたる行為も，これに含まれるわけである。未遂処罰規定からこれが除外されているのは，これ自体が一種の未遂犯であるからなのである。

(vi)　所在国外移送拐取罪

　本罪は，所在国外に移送する目的で，人を略取し，または誘拐する罪である。法定刑は，2年以上の有期拘禁刑（226条）。未遂を罰する（228条）。

　本罪は，目的犯であり，「所在国外に移送する目的」をもってなされる必要がある。「所在国外に移送する目的」とは，被拐取者をその所在する国の領土・領海または領空の外に移動させる意図をいう。

　本罪の行為は，所在国外に移送する目的で人を略取または誘拐することである。日本人の妻と別居中の外国人（オランダ国籍）が，妻のもとにいた娘（2歳4ヶ月）を日本国内から自己の母国オランダに連れ去る目的で，入院中の病院から有形力を用いて連れ去る行為は，本罪を構成する（最決平15・3・18刑集57巻3号371頁）。

　国外移送罪は，被拐取者を日本国の領土，領海または領空外に運び出した時に既遂に達し，他国の領域内に運び入れることは必要ではない。

(vii)　人身売買罪

(a)　犯罪類型

　本罪は，次の5つの類型から成る。すなわち，

　　①人身買い受け罪。法定刑は，3月以上5年以下の拘禁刑（226条の2第1項）。

　　②未成年者買受け罪。法定刑は，3月以上7年以下の拘禁刑（同条2項）。

　　③営利目的等人身を買受け罪。法定刑は，1年以上10年以下の拘禁刑（同条3項）。

　　④人身売渡し罪。法定刑は，1年以上10年以下の拘禁刑（同条4項）。

　　⑤所在国外移送目的人身売買罪。法定刑は，2年以上の有期拘禁刑（同条5項）。

　　⑥以上の各罪の未遂を罰する（228条）。

(b)　意　義

　従来，日本国外に移送する目的で人を売買する行為だけが処罰されていたが（旧226条2項前段），平成17年の刑法の一部改正により，人身買受け罪（226

条の2第1項），未成年者買受け罪（同条2項），営利目的等人身買受け罪（同条3項），人身売渡し罪（同条4項），所在国外移送目的人身売買罪（同条5項）が新設されたのである。これは，従来の犯罪を「所在国外」に移送する目的による人身売買罪として成立範囲を拡張し，人身売渡し罪と人身買受け罪を新たに規定するものである。そして，人身買受け罪のばあい，未成年者が客体であるとき，および，営利等の目的によるときは加重犯罪類型とされ，犯罪の性質に対応して法定刑がそれぞれ別異に定められている。

(c) 保護法益

人身売買罪の保護法益は，略取・誘拐罪と同様に，被売者の自由であるが，被売者が未成年であるばあいは，保護者の保護監督権も含まれる。人身売買の法益を被売者の自由と解すると，犯罪の性格についても，被売者の自由が侵害され続けているかぎり，犯罪は継続し継続犯として捉えるべきであるかの観を呈する。しかし，人身の売買は，売渡し人と買受け人との間で対価の提供と交換に被売者の身体が授受されることによって終了し，とくに売渡し人については，対価を得て被売者を買受け人に渡すことによって，被売者とは離れるのが一般である。したがって，人身売買罪は，略取・誘拐罪とは異なって，状態犯と解するのが妥当であるとされる。ただし，買受け人が，被売者の自由を拘束し続けるばあいは，別に監禁罪の成立をみとめるべきである。

(d) 各犯罪類型の説明

(α) 人身買受け罪　本罪は，人を買い受ける罪である。「買い受ける」とは，対価を支払って被売者の身体を受け取ることをいう。対価は金銭に限られない。受け取ることによって犯罪は既遂となる。未成年者買受け罪が別に規定されているので，本罪における被売者は，成人に限られる。

(β) 未成年者買受け罪　本罪は，未成年者を買い受ける罪である。未成年者は，成人に比べて抵抗力が弱いため，売買の対象とすることが容易であるとともに，売買されることによって被る親族などの精神的苦痛も大きいのが一般的であることを考慮して，本罪は，人身買受け罪の加重処罰類型とされているのである。

　(γ)　**営利目的等人身買受け罪**　本罪は，営利，わいせつ，結婚または生命もしくは身体に対する加害の目的で人を買い受ける罪である。本罪は，悪質な目的による人身の買受け行為をさらに重く処罰する加重類型である。

　「営利，わいせつ，結婚又は生命若しくは身体に対する加害の目的」については，営利目的等略取・誘拐罪の説明を参照されたい。

　(δ)　**人身売渡し罪**（226条の2第4項）　本罪は，人を売り渡す罪である。「売り渡」すとは，対価を得て被売者の身体を買受けた者に渡すことをいう。本罪は，人身買受け罪，未成年者買受け罪，営利目的等買受け罪とは必要的共犯の関係に立つ。

　(ε)　**所在国外移送目的人身売買罪**（226条の2第5項）　本罪は，所在国外に移送する目的で，人を売買する罪である。本罪は，所在国外に移送する目的でなされる人身売買行為の犯罪性の重さを理由とする加重類型である。

(viii)　被略取者引渡し等罪

(a)　犯罪類型

　本罪は，次の4つの類型から成る。すなわち，(α) 未成年者略取・誘拐罪（224条），営利目的等略取・誘拐罪（225条），または，所在国外移送目的略取・誘拐罪（226条），人身売買罪（226条の2），被略取者等所在国外移送罪（226条の3）を犯した者を幇助する目的で，略取され，誘拐され，または売買された者を引き渡し，収受し，輸送し，蔵匿し，または隠避させる罪である。法定刑は，3月以上5年以下の拘禁刑（227条1項）。

　(β) 身の代金目的略取・誘拐罪（225条の2第1項）を犯した者を幇助する目的で，略取されたまたは誘拐された者を引き渡し，収受し，輸送し，蔵匿し，または隠避させる罪である。法定刑は，1年以上10年以下の拘禁刑（同条2項）。

　(γ) 営利，わいせつまたは生命もしくは身体に対する加害の目的で，略取され，誘拐され，または売買された者を引き渡し，収受し，輸送し，または蔵匿する罪である。法定刑は，6月以上7年以下の拘禁刑（同条3項）。

　(δ) 近親者その他略取されたまたは誘拐された者の安否を憂慮する者の憂

慮に乗じてその財物を交付させる目的で（225条の2第1項），略取されまたは誘拐された者を収受する罪である。法定刑は，2年以上の有期拘禁刑（同条4項前段）。

（ε）以上の各罪の未遂を罰する（228条）。

(d)　**本条の趣旨**

本条は，平成17年（2005年）の刑法の一部改正（法律第66号）によって多くの変更が加えられている。すなわち，1項には，幇助の目的の対象とされる犯罪中に，人身売買罪（226条の2），被略取者等所在国外移送罪（226条の3）が，犯罪行為として，引渡しおよび輸送がそれぞれ追加されている。2項には，犯罪行為として，引渡しおよび輸送が追加され，3項には，犯罪の目的として，生命・身体に対する加害が追加され，犯罪行為として，引渡し，輸送および蔵匿が，それぞれ追加されているのである。

本罪は，略取・誘拐および人身売買の結果としての違法状態の継続を確保させることを内容とする犯罪であるとされている。上記の（α）・（β）は，他の略取・誘拐罪，人身売買罪の犯人を幇助する目的でなされるものであり，（γ）・（δ）は，犯人自身の独自の目的でなされるものである。

(c)　**罪　質**

略取・誘拐罪の性格が継続犯であるか，状態犯であるか，によって，本罪も，略取・誘拐罪の幇助犯またはいわゆる事後幇助犯としての性質を帯びることになる。ここでいう事後幇助犯・事後従犯は，共犯の一種ではない。

(d)　**客　体**

本罪の客体は，略取・誘拐された者または売買された者（被売者）である。略取・誘拐された者は，未成年者略取・誘拐罪，営利目的略取・誘拐罪，所在国外移送目的略取・誘拐罪，被略取者等所在国外移送罪，身の代金目的略取・誘拐罪によるものでなければならない。売買された者は，人身売買罪によって売買された者である。

(e)　**行　為**

本罪の行為は，未成年者略取・誘拐罪，営利目的略取・誘拐罪，所在国外移送目的略取・誘拐罪，人身売買罪，所在国外移送罪，身の代金目的略取・

誘拐罪を犯した者を幇助する目的で，被拐取者または被売者を引き渡し，収受し，輸送し，蔵匿しまたは隠避させることである。

　ここにいう「幇助」は，総則における幇助犯（62条）とは異なり，略取・誘拐行為または人身売買行為が終了した後の本犯の結果を確保するための行為なども含む。「引き渡」すとは，被略取・被誘拐者または被売者を他人の支配下に移すことをいう。「収受」するとは，被略取・被誘拐者または被売者の交付を受けて自己の実力支配下におくことをいい，有償・無償を問わない。「輸送」するとは，車，船舶，航空機などを用いて被略取者・被誘拐者または被売者を，その所在した場所から他の場所へ移すことをいい，有償か無償かを問わない。「蔵匿」するとは，被誘拐者または被売者の発見を妨げるべき場所を供給することをいう（大判明44・7・28刑録17輯1477頁）。「隠避」するとは，蔵匿にあたるばあいを除いて，被略取・被誘拐者または被売者の発見を妨げるいっさいの行為をいう。

⑼　身の代金目的略取等予備罪

　本罪は，身の代金目的拐取罪を犯す目的で，その予備をする罪である。法定刑は，2年以下の拘禁刑。ただし，実行に着手する前に自首した者は，刑が減軽または免除される（228条の3）。

⑽　解放減軽

　身の代金目的拐取罪や拐取者身の代金要求罪などの一定の罪を犯した者が，公訴の提起前に被拐取者を安全な場所に解放したときは，その刑が減軽される（228条の2）。

　これは，被拐取者の生命・身体の安全を図る政策的考慮ならびに解放者についての違法性および責任の減軽に基づく実体法的考慮から規定されたものである。

　未成年者拐取罪や営利拐取罪などの所定の罪を営利の目的によるばあいを除き，親告罪とする。ただし，親告罪とされるばあいにおいて，被拐取者または被売者が犯人と婚姻をしたときは，婚姻の無効または取消の裁判が確定

した後でなければ，告訴の効力は生じない（229条）。

⑸　性的自由を害する罪

ⅰ　意　義

　性的自由を害する罪として不同意わいせつの罪がある。不同意わいせつの罪は，被害者の性的な意思決定の自由を侵害する犯罪である。刑法典は，これを「わいせつ，不同意性交等及び重婚の罪」の章のなかに規定しているので，社会的法益に対する罪として扱っている。しかし，その本質は，個人の人格的自由の1種としての「性的自由」を侵害する点にあり，本罪は，個人的法益に対する罪として捉えるべきである。

　性的自由を害する罪については，令和5年（2023年）の刑法の一部改正（法律第66号）により，罪名とともに要件も大きく改正された。立案当局によれば，近年における性犯罪をめぐる状況に鑑み，「性犯罪の罰則規定が安定的に運用されることに資するため，強制わいせつ罪及び準強制わいせつ罪ならびに強制性交等罪及び準強制性交等罪をそれぞれ統合した上で，同意しない意思の形成・表明・全うが困難な状態でのわいせつな行為または性交等であることを中核とする要件に整理し，不同意わいせつ罪及び不同意性交等罪とする」という改正がなされた。また，若年者の性被害の実情に鑑み，「いわゆる性交同意年齢を『16歳未満』とした上で，その者が13歳以上であるときは，行為者が5歳以上年長である場合に処罰することとし」たとされる。

　不同意わいせつの罪には，不同意わいせつ罪（176条），不同意性交等罪（177条），監護者わいせつ及び監護者性交等罪（179条），これらの罪の未遂罪（180条）および不同意わいせつ等致死傷罪（181条）がある。

ⅱ　不同意わいせつ罪

　本罪は，16歳以上の男女に対し，（ア）次の①〜⑧の行為または事由その他これらに類する行為または事由により，同意しない意思を形成し，表明し，もしくは全うすることが困難な状態にさせまたはその状態にあることに乗じて，わいせつな行為をすること（1項），（イ）行為がわいせつなものではない

との誤信をさせ，もしくは行為をする者について人違いをさせ，またはそれらの誤信もしくは人違いをしていることに乗じて，わいせつな行為をすること（2項），または（ウ）16歳未満の者に対し，わいせつな行為をすること（当該16歳未満の者が13歳以上であるばあいについては，行為者が5歳以上年長の者に限る。）を内容とする罪である。（ア）の行為または事由は，①暴行もしくは脅迫を用いることまたはそれらを受けたこと，②心身の障害を生じさせることまたはそれがあること，③アルコールもしくは薬物を摂取させることまたはそれらの影響があること，④睡眠その他の意識が明瞭でない状態にさせることまたはその状態にあること，⑤同意しない意思を形成し，表明しまたは全うするいとまがないこと，⑥予想と異なる事態に直面させて恐怖させ，もしくは驚がくさせることまたはその事態に直面して恐怖し，もしくは驚がくしていること，⑦虐待に起因する心理的反応を生じさせることまたはそれがあること，⑧経済的または社会的関係上の地位に基づく影響力によって受ける不利益を憂慮させることまたはそれを憂慮していること，の8項目である。法定刑は，6月以上10年以下の拘禁刑（176条）。未遂を罰する（180条）。

　本罪の客体には，性別に限定はない。客体が13歳未満であるばあい，または，客体が13歳以上16歳未満で主体が5歳以上年長であるばあいには，（ア）記載の①〜⑧の行為または事由や（イ）記載の行為がなくてもわいせつ行為をすれば本罪は成立する。

　本罪の行為は，「わいせつな行為」をすることである。わいせつな行為とは，「徒らに性欲を興奮または刺激せしめ，且つ普通人の正常な性的羞恥心を害し，善良な性的道徳観念に反すること」をいう（名古屋高裁金沢支判昭36・5・2下刑集3巻5=6号399頁）。これは，通常は，性欲を興奮または刺激させようとする意図のもとになされるが，客観的には，一般人の正常な性的羞恥心を害し善良な性的道徳観念に反する行為がなされることを要する趣旨であると解される。

　従来の判例・通説は，本罪（改正前の強制わいせつ罪）を傾向犯と解し，もっぱら報復または侮辱・虐待の目的で婦女を強制して全裸にさせてその姿態を撮影する行為は，強制わいせつ罪を構成せず，強要罪を構成するにとどまる

（最判昭45・1・29刑集24巻1号1頁）としていた。しかし，平成29年（2017年）
の最高裁大法廷判決（最〔大〕判平29・11・29刑集71巻9号467頁）は，性的意図
を一律に強制わいせつ罪の要件と解した前掲判決の立場を変更し，被害者の
受けた性的被害の有無やその内容，程度に目を向けるべきである旨を判示し
た。これは，本罪が傾向犯であることを否定するものであり，妥当と評価さ
れるべきである。

　本罪のわいせつ行為は，被害者の性的自由の侵害の観点から把握されるべ
きであるから，性的風俗の保護を主たる目的とする公然わいせつ罪における
わいせつ行為とは，その内容を異にする。たとえば，キスは，公然わいせつ
罪におけるわいせつ行為にはあたらないが，相手方の意思に反して無理にお
こなうばあいには本罪のわいせつ行為にあたる。

　相手方の任意性を害してわいせつ行為をおこなう点に本罪の特質があるの
で，1号の「暴行」・「脅迫」の程度は，畏怖・困惑により反抗するのが困難
になる程度のものであれば足りる。それは，必ずしも強盗罪における暴行・
脅迫のような反抗を抑圧する程度のものであることは必要でないのである。

　本罪の未遂罪は，罰する（180条）。

(iii)　不同意性交等罪

　本罪は，（ア）前条で掲げた①～⑧の行為または事由により，同意しない意
思を形成し，表明しもしくは全うすることが困難な状態にさせまたはその状
態にあることに乗じて，性交等をすること，（イ）行為がわいせつなものでは
ないとの誤信をさせ，もしくは行為をする者について人違いをさせ，または
それらの誤信もしくは人違いをしていることに乗じて，わいせつな行為をす
ること，または（ウ）16歳未満の者に対し，性交等をすること（当該16歳未
満の者が13歳以上であるばあいについては，行為者が5年以上年長の者に限る。）を内容
とする罪である。法定刑は，5年以上の有期拘禁刑（177条）。未遂を罰する
（180条）。

　本罪の客体には，性別の限定はない。

　本罪の行為は，「性交等」であり，これは「性交，肛門性交，口腔性交また

は膣もしくは肛門に身体の一部（陰茎を除く。）もしくは物を挿入する行為であってわいせつなもの」をいう。

客体が13歳未満であるばあい，または，客体が13歳以上16歳未満で主体が5歳以上年長であるばあいには，前条①〜⑧や（イ）の行為または事由がなくても性交等をすれば，本罪は成立する。

これに対して，16歳以上の客体の承諾があるばあい，または客体が13歳以上16歳未満で，主体が5歳以上年長でないばあいに客体に承諾があるときは，本罪は成立しない。

本罪の未遂罪は，罰する（180条）。

(iv)　監護者わいせつ及び監護者性交等罪

本罪は，18歳未満の者に対し，その者を現に監護する者であることによる影響力があることに乗じてわいせつな行為をする罪である。法定刑は，6月以上10年以下の拘禁刑（179条1項）。18歳未満の者に対し，その者を現に監護する者であることによる影響力があることに乗じて性交等をする罪である。法定刑は，5年以上の有期拘禁刑（同条2項）。

これらの罪は，平成29年（2017年）の刑法の一部改正により新設されたものである。本罪の行為は，18歳未満の者の監護者が，現に監護する者であることによる影響力があることを利用して被監護者に対してわいせつな行為または性交等をすることである。これらは，不同意わいせつ罪または不同意性交等罪と同様に扱われる。18歳未満の監護者が，その影響力によって被監護者の反抗が抑圧されている状態を利用してわいせつな行為または性交等をする行為は，罪質的に不同意わいせつ罪または不同意性交等罪と同等であると評価される。したがって，これらと同様に取り扱うこととされたわけである。

本罪の未遂罪は，罰する（180条）。

(v)　不同意わいせつ等致死傷罪

本条1項の罪は，不同意わいせつ罪，監護者わいせつ罪，またはこれらの罪の未遂罪を犯し，よって人を死傷させる罪である。法定刑は，無期または

3年以上の拘禁刑（181条1項）。

　本条2項の罪は，不同意性交等罪，監護者性交等罪，またはこれらの罪の未遂罪を犯し，よって人を死傷させる罪である。法定刑は，無期または6年以上の拘禁刑（181条2項）。

(a)　罪質と適用範囲

　本罪は結果的加重犯である（大判明44・4・28刑録17輯712頁）。死傷の結果は，わいせつ，または性交等の行為それ自体によって生ずる必要はなく，その手段としての暴行行為または脅迫行為によって発生したものであってもよい（大判明44・6・29刑録17輯1330頁，最決昭46・9・22刑集25巻6号769頁）。

(b)　適用範囲

　わいせつ，性交等の機会におこなわれた暴行・脅迫によって死傷の結果を生じさせたばあいに，本罪を適用すべきかどうか，が問題となる。本罪を設けて重い法定刑で処罰する趣旨は，不同意わいせつ・監護者わいせつ・監護者性交等・不同意性交等などの行為に随伴して死傷の結果が生ずる可能性が高いので，とくに生命・身体の保護を図ろうとすることにあるから，基本となる行為を不同意わいせつ・監護者性交等・不同意性交等などの実行行為に密接に関連する行為を包含すると解すべきである（最判昭43・9・17刑集22巻9号862頁）。強姦直後に逮捕を免れるために加えた暴行による傷害について強姦致傷罪の成立を肯定した最高裁の判例がある（最決平20・1・22刑集62巻1号1頁）。

(c)　罪　　数

　行為者が殺意をもって客体に対して不同意性交等をして死亡させたばあい，不同意性交等致死罪と殺人罪との観念的競合になる（大判大4・12・11刑録21輯2088頁，最判昭31・10・25刑集10巻10号1455頁）。これに対して，結果的加重犯を規定している本罪には故意行為は含まれるべきではないので，殺人罪と不同意性交等罪との観念的競合であるとする説も主張される。行為者が不同意性交等をして傷害を負わせた後，犯罪の発覚をおそれて被害者を殺害したばあいは，不同意性交等致死罪と殺人罪との併合罪となる（大判昭7・2・22刑集11巻107頁）。

(vi)　**十六歳未満の者に対する面会要求等罪**

本罪は，16歳未満の者が性犯罪の被害を受けるのを防止するため，性犯罪の前段階において，その保護された状態を侵害する行為やその危険を生じさせる行為を処罰する罪である。

(a)　**面会要求行為**

わいせつの目的で，16歳未満の者に対して，当該16歳未満の者が13歳以上であるばあいは，その者より5歳以上の年長者である行為者が，次の①～③の面会を要求する行為である。すなわち，①威迫し，偽計を用いまたは誘惑して面会を要求する行為，②拒まれたにもかかわらず，反復して面会を要求する行為，③金銭その他の利益を供与し，またはその申込みもしくは約束をして面会を要求する行為，の3種類の要求行為である。

法定刑は，1年以下の拘禁刑または50万円以下の罰金（182条1項）。

(b)　**面会要求後の面会行為**

わいせつの目的で，16歳未満の者に対して①～③の面会要求をし，わいせつの目的で当該16歳未満の者と面会をする行為である。

法定刑は，2年以下の拘禁刑また100万円以下の罰金（182条2項）。

(c)　**性的画像送信要求行為**

16歳未満の者に対して，当該16歳未満の者が13歳以上であるばあいは，その者より5歳以上の年長者である行為者が，①または②の行為（②は当該行為をさせることがわいせつなものであるものに限る。）を要求する行為である。すなわち，①性交，肛門性交または口腔性交をする姿態をとってその映像を送信する行為，②前①のほか，膣または肛門に身体の一部（陰茎を除く。）または物を挿入しまたは挿入される姿態，性的な部位（性器もしくは肛門もしくはこれらの周辺部，臀部または胸部）を触りまたは触られる姿態，性的な部位を露出した姿態その他の姿態をとってその映像を送信する行為を要求する行為である。

法定刑は，1年以下の拘禁刑または50万円以下の罰金（182条3項）。

2 私生活の平穏に対する罪

　私事（プライバシー）に他人が濫りに介入しないようにしてこそ，はじめて真に落着きのある安定した精神生活の基盤が確立されることになる。その基礎となるのが「私生活の平穏」であるから，これは自由と並ぶ「人格的法益」として保護されなければならないのである。刑法上，私生活の平穏を害する罪として，「住居を侵す罪」および「秘密を侵す罪」が規定されている。

(1) 住居を侵す罪
(i) 住居侵入罪
　本罪は，正当な理由がないのに，人の住居，人の看守する邸宅，建造物または艦船に侵入する罪である。法定刑は，3年以下の拘禁刑または10万円以下の罰金（130条前段）。未遂を罰する（132条）。
(a) 法 益
　かつて判例・学説は，本罪の保護法益を「住居権」として把握していた。しかし，住居権という概念は不明瞭であるし，住居権が誰に帰属するのか，という困難な問題が生じて議論を紛糾させるばかりでなく，結論的にも妥当性を欠くことになる。そこで通説は，保護法益を住居における平穏と解している。
　しかし，平穏説は，住居という物理的場における共同体構成員の「全員」が形成している平穏そのものを重視して「個々の」構成員の個別的意思をまったく見落している点で妥当でない。家族共同体的思考から「個としての同居者」のプライバシーの尊重という新たな思考が強くなっている。その観点から，住居侵入罪の保護法益は，住居権であり，住居権とは，住居その他の建造物を管理する権利の一内容として，これに他人の立入りをみとめるか否かの自由をいうと解する新住居権説が有力に主張されるに至っている。
　生活の「場」として住居の「平穏」は，プライバシーの保護に役立っているから意味を有するのであり，生活の「場」の実際の侵害は，その「場」を

支配・管理していることの侵害であり，それは，支配意思・管理意思の侵害にほかならず，自己決定の自由の侵害なのである。このような支配・管理の自由ないし自己決定の自由を「住居権」と称するか否かは，用語法の問題にすぎない。

　現代社会においては，個としての家族構成員の人格的独立が広くみとめられているから，その個々人のプライバシー，自己決定権の重要性を直視して法益として的確に把握している新住居権説が妥当である。

　住居侵入罪は，正当な理由がないのに，人の住居または人の看守する邸宅・建造物・艦船に侵入する罪である。

(b) 客　体

　客体は，人の住居または人の看守する邸宅・建造物・艦船である。「住居」とは，人の私生活の用に供するための継続的施設をいう。これは，日常生活の場である住宅が中心になるが，それよりも広い概念である。たとえば，ホテル・旅館の客室も，ここにいう住居にあたる。

　人の私生活の場として保護されるべき場所か否か，が重要であり，使用時間の長短，施設の大小は重要ではない。必ずしもその場所に人の現在していることを必要としないので，居住者が一時不在の場所や一定の期間だけ居住する場所（別荘）も，住居にあたる。

　「邸宅」とは，住居の用に供する目的で作られた建造物であって現に住居の用に供されていないものをいい，その囲繞地を含む。たとえば，空家や閉鎖された別荘などが，これにあたる。「建造物」とは，本来，屋蓋を有し，障壁または柱材によって支持され，土地に定着し，内部に出入できるものをいうが，ここでは住居，邸宅以外の家屋およびその囲繞地を意味する。たとえば，官公署の庁舎，学校，工場，事務所，神社，寺院などが，これにあたる。「艦船」とは，軍艦および船舶をいう。「人の看守する」とは，看守人をおくとか，錠をかけるとか，釘づけにするとかして，他人が立ち入ることを禁止する趣旨を明らかにして，事実上，管理・支配していることを意味する。

(c) 行　為

　本罪の行為は，上記の場所に「正当な理由がないのに侵入」することであ

る。「侵入」とは，通説によれば，平穏を害する形態で立ち入ることをいうが，居住者，看守者の意思または推定的意思に反してなされる立入り行為を意味すると解すべきである。したがって，居住者・看守者の同意（承諾）があれば侵入とはならない。つまり，本罪においては被害者の承諾は，構成要件該当性阻却事由であって違法性阻却事由（正当化事由）ではないのである。

(d) 既 遂

本罪は継続犯である。したがって，本罪は侵入によって既遂になり，その場から退去するまで犯罪が継続して成立することになる。侵入といえるためには，身体の全体を入れることが必要である。これに対して，身体の一部を入れれば足りるとする説や身体の大部分を入れることを要するとする説も主張されている。

(ii) 不退去罪

本罪は，正当な理由がないのに，要求を受けたにもかかわらず，人の住居または人の看守する邸宅，建造物もしくは艦船から退去しない罪である。法定刑は，3 年以下の拘禁刑または 10 万円以下の罰金（130 条後段）。未遂を罰する（132 条）。

(a) 罪 質

本罪は，不退去という不作為を内容とする「真正不作為犯」である。不退去罪は継続犯であり，退去するまで犯罪が継続する。

(b) 行 為

本罪の行為は，要求を受けてその場所より退去しないことである。「これらの場所」とは，住居侵入罪の客体である場所をいう。退去の要求は，その権利者，つまり居住者・看守者またはこれらの者の意思を受けた者によってなされる必要がある。

(c) 未 遂

通説は，真正不作為としての性質上，本罪には未遂の観念を容れる余地はないと解している。しかし，退去を要求された者が退去するのに必要な時間が経過する前に，家人によって突き出されたようなばあいは，未遂である

解すべきである。

(2)　秘密を侵す罪

　個人は，私生活において種々の秘密をもっており，それは，プライバシーとして刑法的保護に値するものである。したがって，個人の秘密がみだりに暴露されると，私生活の平穏は大いに害されることになる。そこで，刑法は，秘密を侵す罪として「信書開封罪」(133条) および「秘密漏示罪」(134条) を規定して，プライバシーとしての個人の秘密を保護している。

(i)　信書開封罪

　本罪は，正当な理由がないのに，封をしてある信書を開ける罪である。法定刑は，1年以下の拘禁刑または20万円以下の罰金 (133条)。

(a)　客　体

　「信書」とは，特定の人から特定の人に宛てた文書をいう。「封をしてある」とは，信書の内容を外部から認識できないように施された装置で，信書と一体をなしているものをいう。封筒に入れて糊で封ずるとか，状箱に入れて施錠または紐で固く縛るとかの方法でなされる。葉書は「信書」であるが，「封をしてある」とはいえないので，本罪の客体ではない。

(b)　行　為

　本罪の行為は，封をしてある信書を「開ける」ことであり，封緘を破棄して，信書の内容を認識できる状態を作り出すことをいう。信書の内容が現実に認識されたことは，必要ではない。透 (すか) し見ることは，封を開けていないので，本罪の行為にはあたらない。

(c)　親告罪

　本罪は親告罪である (135条)。

　告訴権者である被害者が誰かについて，判例・学説は対立している。判例は，信書の発信者はつねに告訴権者であるが，到達後は受信者も告訴権者になると解している (大判昭11・3・24刑集15巻307頁)。これに対して通説は，つねに発信者および受信者が告訴権者であると解している。プライバシーの保

護の観点からは，通説の立場が妥当である。

(ii)　秘密漏示罪

　本罪は，医師，薬剤師，医薬品販売業者，助産師，弁護士，弁護人，公証人，宗教・祈祷・祭祀の職にある者，またはこれらの職にあった者が，正当な理由がないのに，その業務上取り扱ったことについて知り得た人の秘密を漏らす罪である。法定刑は，6月以下の拘禁刑または10万円以下の罰金（134条）。

(a)　主　体

　本罪の主体は，法文に列記されている者に限られる（真正身分犯）。これらの者は，その業務の性質上，他人の秘密を知る機会が多いため，その秘密が暴露されるのを防ぐ趣旨から，主体が限定されているのである。

(b)　客　体

　本罪の客体は，条文に列記された者が業務上取り扱ったことについて知り得た他人の「秘密」である。「秘密」とは，特定の小範囲の者にだけ知られている事実であって，これを他人に知られないことが本人の利益とみとめられるものをいう。秘密といえるためには，本人が主観的に秘密とすることを欲すれば足りるとする見解もあるが，客観的に見て本人にとって秘密として保護するに値するものでなければならない。

　秘密は，上に列記された者がその業務上，取り扱ったことによって知り得たものに限られるので，業務と無関係に知り得た秘密は，これに含まれない。

(c)　行　為

　「秘密を漏らす」とは，秘密を知らない者にこれを告知することをいう。相手方の数の多少，方法の種類を問わない。

(d)　親告罪

　本罪は親告罪である（135条）。

③ 名誉および信用に対する罪

名誉および信用に対する罪の保護法益は，いずれも個人に対する社会的評価である。同じ社会的評価といっても，名誉が個人の人格的側面についての評価であるのに対して，信用は個人の経済的側面（支払い能力）に関する評価である点で異なる。名誉および信用に対する罪として刑法は，「名誉に対する罪」（230条）と「信用及び業務に対する罪」（233条ないし234条の2）とを規定している。

⑴　名誉に対する罪

⑴　意　義

本罪の保護法益は，「名誉」である。名誉には，①「内部的名誉」，つまり客観的に存在する人の人格価値そのもの・真価，②「外部的名誉」，つまり人の人格価値に対する社会的評価，③「名誉感情」，つまり人の人格価値に対する自己評価の意識の3つがあるとされている。内部的名誉は，侵害され得ないので，刑法的保護の対象から外され，通説・判例によると，名誉感情も本罪の保護法益から除外される。

名誉に対する罪として，刑法は，「名誉毀損罪」と「侮辱罪」を規定し，名誉毀損罪については，表現の自由との調和を図って事実証明に関する規定を設けている。

⑾　名誉毀損罪

本罪は，公然と事実を摘示して人の名誉を毀損する罪であり，その事実の有無を問わない。法定刑は，3年以下の拘禁刑または50万円以下の罰金（230条1項）。

⒜　客　体

本罪の客体は，人の名誉である。本罪における「名誉」とは，人に対する社会的評価，つまり外部的名誉をいう。人に対する社会一般の評価は，必ず

しも真価とは一致しないが，真価そのものの確定は，きわめて困難であるので，刑法は，社会的評価を保護するのである。真価のない名声，つまりいわゆる「虚名」であっても，それが社会的評価であるかぎり，保護の対象となる。

社会的評価は，倫理的評価に限らず，職業，身分，血統，健康状態，政治的・学問的・芸術的能力などの社会生活においてみとめられる価値に対する評価であればよいのである。名誉の主体としての「人」は，生存する自然人・法人をいう。自然人には，幼児・重度の精神病者も含まれる。

(b) 行 為

本罪の行為は，公然と事実を摘示して人の名誉を毀損することである。「公然と」とは，不特定または多数の者が認識できる状態をいう。したがって，特定人であっても，それが多数であるばあいは，「公然と」といえる。判例は，特定の少数の者に対して事実を摘示しても，それが伝播して不特定多数人に認識される可能性があるばあいには，公然性があるとしている（最判昭34・5・7刑集13巻5号641頁）。これは「伝播性の理論」といわれる。しかし，これでは「公然」の概念が不当に拡大されすぎるので，「直接的に」不特定または多数の人になされる必要があると解すべきである。

「事実を摘示する」とは，人の社会的評価を低下させるに足りる事実を告知することである。摘示される「事実」は，人の社会的評価を低下させるに足りるものであればよく，必ずしも悪事醜行に限られない。

人の名誉を「毀損する」とは，事実を摘示することによって人の社会的評価を低下させるおそれのある状態を作り出すことを意味し，必ずしも社会的評価が害されたことを必要としない。

(c) 事実証明による免責

230条の2第1項は，名誉毀損行為が公共の利益に関する事実に係り，かつ，その目的がもっぱら公益を図ることにあったとみとめられるばあいには，事実の真否を判断し，真実であることの証明があったときは，これを罰しない旨規定している。すなわち，事実証明による免責の要件は，①公共の利害に関する事実にかかること，②事実の摘示がもっぱら公益を図る目的に

よるものであること，③摘示事実の真実性の証明があること，の3つである。

　真実性の証明があったばあいには，行為者を「罰しない」ことになる。このばあいに処罰されないのは，違法性が阻却されるからである（通説）。これに対して，この不処罰規定を，①構成要件該当性阻却事由と解する説や②処罰阻却事由と解する説も主張されている。判例は，かつて②説をとっていたが，その後，見解を変更して通説と同じ立場をとるに至っている（最〔大〕判昭44・6・25刑集23巻7号975頁）。①説は，表現の自由を保障するという点では優れているが，真実性の証明は，定型的な判断としての構成要件該当性の問題になじまないので，妥当でない。②説は，名誉の保護という観点からは一貫しているが，表現の自由・知る権利の側面を軽視しており，たんに処罰阻却事由とするのではなくて犯罪不成立をみとめるべきであるから，やはり妥当ではない。このように，表現の自由・知る権利と名誉の保護という2つの観点を調和させ，実質的な判断という性質にも適合するので，違法性阻却事由説が最も妥当であるといえる。

(d)　真実性の錯誤

　真実性に錯誤があったばあいの取扱いについても見解が分かれている。真実の証明があったことが違法性阻却事由であり，真実性についての錯誤は事実の錯誤であると解すると，このばあいの錯誤は，故意を阻却することになる。しかし，この立場を貫くと，単なる噂や風聞を軽率に信じて名誉毀損行為に出たばあいにも，故意阻却がみとめられて，被害者の保護に欠けることになる。そこで，判例は，真実性の誤信につき「確実な資料，根拠に照らし相当の理由があるときは，犯罪の故意がな（い）」と解している（前掲最〔大〕判昭44・6・25）。

　真実性の証明は違法性阻却事由であるとする立場においても，事実が真実であったことが違法性阻却事由であると解する見解と証明の可能な真実性が違法性阻却事由であると解する見解とに分かれる。さらに，その錯誤を事実の錯誤（構成要件的錯誤）または違法性の錯誤（法律の錯誤）と解するのか，責任要素としての故意を阻却する独自の錯誤と解するのか，が争われており，前者と後者の組合せにより，種々の見解が主張されることになる。

　真実性の錯誤は，正当化事情の錯誤，つまり違法性阻却事由の事実的前提に関する錯誤の問題にほかならないから，その点についての一般理論によって解決されるべきである。この点については，二元的厳格責任説の見地から解決されるべきである。

(iii)　死者の名誉毀損罪

　本罪は，公然と，虚偽の事実を摘示することによって死者の名誉を毀損する罪である（230条2項）。

(a)　保護法益

　本罪の保護法益は，死者自身の名誉である。歴史的存在者としての死者の名誉を保護するのが，本罪の趣旨である。つまり，刑法は，ある者が生存中に有していた名誉を死後においても保護しようとしているのである。

(b)　行　為

　本罪の行為は，公然と虚偽の事実を摘示して死者の名誉を毀損することである。「虚偽の事実を摘示する」こと以外は，生存者に対する名誉毀損罪の構成要件とまったく同じである。

　歴史的存在としての死者については，真実を摘示することを許すことによって，客観的な史実の叙述をみとめる必要があるので，摘示事実が真実であるばあいには名誉毀損罪を構成しないのである。

(iv)　侮辱罪

　本罪は，事実を摘示しなくても，公然と，人を侮辱する罪である。法定刑は，1年以下の拘禁刑もしくは30万円以下の罰金または拘留もしくは科料（231条）。

(a)　保護法益

　本罪の保護法益については，争いがある。前述のように，判例・通説は，本罪の保護法益も名誉毀損罪と同じく外部的名誉であると解し，名誉感情をもたない幼児・重度の精神病者・法人・法人格のない団体についても本罪の成立をみとめている。最高裁の判例は，法人に対する侮辱罪の成立を肯定し

ているのである（最決昭 58・11・1 刑集 37 巻 9 号 1341 頁）。しかし，本罪の法益は名誉感情であると解すべきであり，名誉感情をもち得ない者については侮辱罪の成立を否定するのが妥当であると解する。

⒝　行　為

「侮辱」の意義については，見解の対立がある。判例・通説によると，名誉毀損罪と侮辱罪とは保護法益を同じくし，ただ行為態様が異なるにすぎない。すなわち，前者が事実を摘示して名誉を害するものであるのに対して，後者は事実を摘示せずに名誉を害するものである。したがって，「侮辱」とは，事実を摘示せず，たんに抽象的に人格を蔑視するような言語・動作をすることを意味することになる。たとえば，「馬鹿野郎」と怒鳴ったり，不浄な物に対するように塩をまいたりするのが，侮辱行為にあたるわけである。

これに対して，本罪の保護法益を名誉感情と解する見地からは，侮辱とは他人の名誉感情を害するに足りる軽蔑の表示を意味するのであり，侮辱行為は，事実を摘示してなされると否とを問わないことになる。相手方の名誉感情を害すべき方法で行為がなされれば足り，事実を摘示したか否かは，格別，意味をもたないのである。

令和 4 年（2022 年）の刑法の一部改正（法律第 67 号）により，インターネット上における誹謗中傷の実態への対処として，本罪の法定刑が「拘留又は科料」から「1 年以下の拘禁刑若しくは 30 万円以下の罰金又は拘留若しくは科料」に引き上げられた。

⒱　親告罪

生存者に対する名誉毀損罪，死者の名誉毀損罪および侮辱罪は，親告罪である（232 条）。

これらの罪が親告罪とされたのは，被害者の意思を無視してまで訴追する必要性がないこと，訴追することによって，かえって被害者の名誉を侵害するおそれがあることを考慮したためである。

(2)　信用及び業務に対する罪

(i)　意　義

　信用及び業務に対する罪として刑法は，「信用毀損罪」(233 条前段)，「業務妨害罪」(233 条後段・234 条) および「電子計算機損壊等業務妨害罪」(234 条の2) を規定している。いずれも人の経済生活を保護することを内容とする犯罪である。信用毀損罪は，人の経済的地位，つまり財産上の業務履行に関する社会的評価を保護するものであり，業務妨害罪は，経済生活における活動を直接的に保護するものである。しかし，それぞれの罪質の捉え方については，見解が分かれている。

　信用毀損罪については，人の社会的評価の侵害という点において，名誉毀損罪と共通性を有し，その評価が経済面に限られている点において，財産罪と共通性を有する特殊な犯罪 (独自の犯罪) と見る説が妥当である。業務妨害罪については，財産犯的性格とともに人格犯的性格を併有する罪であるとする説が妥当である。

(ii)　信用毀損罪

　本罪は，虚偽の風説を流布し，または偽計を用いて人の信用を毀損する罪である。法定刑は，3 年以下の拘禁刑または 50 万円以下の罰金 (233 条)。

(a)　保護法益

　「信用」とは，人の経済的側面における価値，すなわち，支払い能力または支払い意思を有することに対する社会的な信頼・評価をいう。

(b)　行　為

　「虚偽の風説を流布する」とは，真実でない事実を不特定または多数の人に伝播させることをいう。ここにいう「真実」は，客観的な真実ではなくて，相当の根拠をもって行為者が真実と認識した事実に反することを意味する。「偽計を用いる」とは，他人を錯誤に陥らせるに足りる計略を用いることをいう。

　信用を「毀損」するとは，人の信用を低下させるおそれのある状態を作り出すことをいい，必ずしも信用が低下したことは必要ではない。

(iii)　業務妨害罪

本罪は，虚偽の風説を流布し，または偽計もしくは威力を用いて人の業務を妨害する罪である。法定刑は，3年以下の拘禁刑または50万円以下の罰金（233条後段・234条）。

(a)　保護法益

「業務」とは，精神的であると経済的であるとを問わず，広く職業その他継続して従事する事務または事業を総称する。

「公務が業務に含まれるか」については，見解が対立している。その理由は，公務の妨害については，別に公務執行妨害罪が規定されていることに求められる。しかし，公務執行妨害罪と業務妨害罪とでは，行為態様を異にするばあいがあるので，本罪から公務を排除すると，かえって公務の保護が薄くなってしまうという事態が生ずる。そこで，通説は，すべての公務が業務に含まれると解している。これに対して，①公務はいっさい含まれないとする説，②非公務員のおこなう公務は含まれるとする説，③非権力的公務のみが含まれるとする説，④非権力的公務はつねに含まれ，権力的公務も非公務員によって執行されるばあいには含まれるとする説などが主張されている。

最高裁の判例は，強制力を行使する「権力的公務」ではない公務は「業務」にあたると解している。すなわち，県議会の委員会における条例案の採決に関して，「妨害の対象となった職務は，新潟県議会総務文教委員会の条例案採決等の事務であり，なんら被告人らに対して強制力を行使する権力的公務ではないのであるから，右職務が威力業務妨害罪にいう『業務』に当たる」と判示しているのである（最決昭62・3・12刑集41巻2号140頁）。また，威力および偽計により選挙長の立候補届出受理事務を妨害したばあいに業務妨害罪の成立をみとめている（最決平12・2・17刑集54巻2号38頁）。本決定は，本件「事務は，強制力を行使する権力的公務ではないから……刑法233条，234条にいう『業務』に当たる」と判示したのである。さらに，新宿駅の「動く歩道」を設置するために都職員がおこなった段ボール小屋の撤去作業は，権力的公務ではないとして威力業務妨害の成立をみとめている（最決平14・9・30刑集56巻7号395頁）。

⒝　行　為

「虚偽の風説の流布」と「偽計の施用」が行為の手段として挙げられている点は，信用毀損罪のばあいと同じであるが，さらに「威力を用いる」ことが付加されている点で異なる。

「威力を用いる」とは，人の意思を制圧するに足りる勢力を用いることをいう。暴行・脅迫を用いるばあいはもとより，社会的地位や経済的優越による権勢を利用するばあいを含む。

⒤　電子計算機損壊等業務妨害罪

⒜　意　義

電子情報処理組織（コンピュータシステム）が急速に普及し，国および地方公共団体の諸機関や民間の諸企業がこれを採用し，各種の事務処理に威力を発揮している。電子計算機（コンピュータ）は，大量の情報処理を可能にするので，業務の大部分がコンピュータにとって代わられ，広い範囲にわたって重要な役割を果たすようになっている。このような状況において，電子計算機を使用しておこなわれる業務を電子計算機に加害する方法によって妨害する行為に対して，従前の偽計または威力による業務妨害罪の規定では十分に対応できなくなっている。電子計算機による業務は，人の遂行する業務よりも業務処理の及ぶ範囲がきわめて広くなり，その妨害によって広範囲にわたる国民生活に重大な支障をもたらすおそれが大きいのである。

そこで，本罪が新たに規定され，法定刑も従来の業務妨害罪よりも重くなっている。本罪は，基本的には，電子計算機を設置・管理している業務主体の個人的法益に対する犯罪であるが，副次的には，上記の意味での社会的法益に対する保護をも意図しているとされている。

⒝　電子計算機損壊等業務妨害罪の内容

本罪は，人の業務に使用する電子計算機もしくはその用に供する電磁的記録を損壊し，もしくは人の業務に使用する電子計算機に虚偽の情報もしくは不正の指令を与え，またはその他の方法により，電子計算機に使用目的に沿うべき動作をさせず，または使用目的に反する動作をさせて妨害する罪であ

る。法定刑は5年以下の拘禁刑または100万円以下の罰金（234条の2）。

　(α)　保護法益（客体）　本罪の客体は，電子計算機による人の業務である。本罪の業務は，とくに電子計算機を使用しておこなわれるものに限られ，また，電子計算機も，それ自体が独立に情報処理能力をそなえているものであることを要し，他の機器に組み込まれてその構成部分とされているものは除かれる。

　(β)　行為　本罪の行為は，①(ア) 人の業務に使用する電子計算機もしくはその用に供する電磁的記録を損壊し，もしくは，(イ) 人の業務に使用する電子計算機に虚偽の情報もしくは不正の指令を与え，または，(ウ) その他の方法で，②(ア) 電子計算機をして使用目的にそうすべき動作をさせず，または，(イ) 使用目的と違う動作をさせて，③人の業務を妨害することである。これを分説すると，次のようになる。

　(γ)　行為の手段　行為の手段には次の3種がある。

　(ア)　電子計算機または電磁的記録を「損壊」すること。これは，電子計算機または電磁的記録を物理的に毀損することだけでなく，磁気ディスクなどに記録されているものを消去することも含むと解されている。

　(イ)　電子計算機に「虚偽の情報」または「不正の指令」を入力すること。「虚偽の情報」とは，真実に反する内容を包含する情報をいい，「不正の指令」とは，当該業務過程においては本来予期されない指令をいう。

　(ウ)　その他の方法によるもの。「その他の方法」は，(ア)・(イ) の例示との関係から，その方法によることが電子計算機自体の動作に直接，影響を及ぼす性質のものに限られるべきであり，たとえば，電子計算機の電源の切断，動作環境の変更，通信回路の切断などのように，電子計算機への直接的な物理的攻撃を伴わない侵害行為や，入出力装置などの付属設備の損壊などのように，物理的攻撃ではあるが (ア) に包含されない侵害行為が，これにあたるとされている。

　(δ)　動作障害の結果発生　本罪が成立するためには，電子計算機に使用目的に沿うべき動作をさせないこと，または使用目的に反する動作をさせたという結果の発生が必要である。

（ア）　電子計算機に使用目的に沿うべき動作をさせないこと。「使用目的」
とは，電子計算機の設置運用者が，一定の具体的な業務の遂行にあたり，当
該電子計算機の情報処理によって実現しようとしている目的をいい，「使用
目的に沿うべき動作」とは，電子計算機設置管理者の使用目的に適合した電
子計算機の機械としての活動をいい，「動作をさせない」とは，電子計算機の
活動を停止させることをいう。

（イ）　電子計算機に「使用目的に反する動作をさせる」とは，電子計算機
の設置運用が意図している使用目的に対して実質的に矛盾することとなる活
動をさせることをいう。

（ε）　**業務の妨害**　①②の結果として，他人の業務を妨害したことが必要
である。「業務を妨害する」とは，業務妨害罪のばあいと同じように，業務を
妨害するおそれのある状況を生じさせれば足り，現実に妨害の結果を発生さ
せたことは必要ではない。

第3章　個人的法益に対する罪(3)
——財産犯

1　財産犯総論

(1)　刑法における財産の保護

憲法 29 条は,「財産権は,これを侵してはならない」と規定しており,これは,私有財産制度を保障するものであるといえる。私有財産制度の下においては,「財産権」はきわめて重要な意義を有する。その侵害から守られる必要がある。そこで,重大な財産権の侵害に対しては,刑事罰をもって臨むことが要請されることになる。「財産犯」が重要な犯罪類型として扱われるゆえんである。

刑事罰を科することによる財産権の保護を実効的にするために,刑法は多岐にわたる財産犯を規定している。すなわち,刑法は,「財産犯」として,「窃盗及び強盗の罪」(第2編第36章),「詐欺及び恐喝の罪」(第2編第37章),「横領の罪」(第2編第38章),「盗品等に関する罪」(第2編第39章)および「毀棄及び隠匿の罪」(第2編第40章)を規定しているのである。

(2)　財産犯の分類

財産犯は,刑法典の第36章～第40章に規定されている。これらの犯罪は,種々の観点から分類できる。

(i)　客体による分類

(a)　「客体の種類」によって,客体が財物のばあいと財産上の利益のばあいとに分けられる。

　(α)　財物に対する罪—窃盗罪・強盗罪・詐欺罪・恐喝罪・横領罪・盗

品等に関する罪。

　(β)　財産上の利益に対する罪—2項強盗罪・2項詐欺罪・2項恐喝罪・背任罪。

(b)　「財産の存在形態」により「個別財産に対する罪」と「全体財産に対する罪」とに分けられる。

　(α)　個別財産に対する罪—財物およびそれ以外の個別的な財産権（たとえば，債権・無体財産権），つまり個別財産を侵害する犯罪である。

　(β)　全体財産に対する罪—財産状態を全体として見て侵害があったときに成立するもので，相手にこのような意味での損害がなければ既遂にならない点に特色がある。

「全体としての財産」の概念の内容については，財産を純粋に法律的に財産上の権利を中心として構成し，財産的権利および義務の総和が財産であると解する「法的財産説」，財産を純粋に経済的に「利益」を中心として構成し，個人に属する経済的価値の総体が財産であると解する「経済的財産説」，および，経済的価値の中から違法に得られた利益を除外することによって，法律的・経済的見地から両者を総合しようとする「法的・経済的財産説」がある。経済的財産説が妥当であり，判例もこの説をとっている。

(ii)　行為態様による分類
(a)　財産取得罪 （財産移転罪）
　(α)　領得罪　他人の個別財産についての所有ないし占有を侵して，それを行為者自身が取得するか，または，第3者に取得させる形態の犯罪であり，窃盗罪・不動産侵奪罪・強盗罪・詐欺罪・恐喝罪・横領罪が，これにあたる。この類型は，「領得罪」または「領得犯」と称され，主観的要素として「不法領得の意思」を必要とする点に，その特徴がある。しかし，不法領得の意思不要説の見地においては，領得罪の観念は不要とされる。

　(β)　財産毀損罪　個別財産の効用を滅失または減少させる犯罪である。毀棄罪が，これに含まれる。

⑶ 「財物」概念

⒤ 意 義

　財物罪の成立範囲を画するうえで，「財物」の概念の内容を明らかにすることは，重要である。「物」については民法85条が「本法に於て物とは有体物をいう」と規定している。そこで，刑法上も財物ないし物を民法と同様に「有体物」と解しなければならないのかどうか，が問題となる。さらに，刑法245条は「電気は，財物とみなす」と規定しているので，有体物でない電気をとくに例外的に取り扱うのか，それとも，たんに電気を財物に含めることのできる無体物の例示として解すべきかどうか，が問題となるのである。

　刑法が何を保護の対象として取り上げるかは，刑法独自の立場から決められるべきであり，他の法領域の概念によって制約される必要はないので，民法85条に拘束されない。そこで，財物罪が保護の対象としているものは何か，いいかえると，財物罪の規定の目的は何か，が問題になる。財物罪の規定の目的は，財物に対する犯罪的侵害からこれを保護することにある。そして，財物に対する侵害は，その財物が所持または物理的に管理された状態において可能であるので，そのようにして侵害されたばあいにのみ，刑法的保護の対象となり得るのである。したがって，財物とは，「物理的に管理可能なもの」を意味することになる（大判明36・5・21刑録9輯874頁）。

　無体物であっても物理的に管理可能であれば，財物といえるので，電気のみに限定されず，その外に，たとえば，水力，人工冷気などのエネルギーも含まれる。

　判例・通説に対して，有体物説も主張されている。

ⅱ 交換価値の要否

　財物といえるためには，必ずしも客観的な交換価値，したがって，金銭的ないし経済的価値を有する必要はない。主観的価値を有するにすぎない物であっても，その価値が社会生活上，刑法的保護に値するものであるかぎり，財物とみとめられる。たとえば，恋人の写真やラブレターその他の記念品などのように，まったく交換価値がないものであっても，社会観念上，刑法的

保護に値すると考えられるものは，財物といえる。客観的にも主観的にも価値がないとみとめられるものは，もはや刑法的保護の対象とする必要がないので，財物とはいえない。

(iii)　禁制品

　禁制品が財物といえるか，が問題となる。禁制品とは，私人の所有または所持が法令によって禁止されている物をいい，たとえば，阿片煙・麻薬・銃砲刀剣類などが，これにあたる。禁制品であっても，それを没収するには，法律の所定の手続きが必要であるから，その適式な手続きによらないかぎり，私人としては禁制品の「事実上の所持」を奪われない利益をもっているので，その限度において，禁制品の所持の奪取は，刑法上，禁止されるべきである。その意味において，禁制品も財物といえるのである。判例も禁制品の財物性を肯定している（最判昭26・8・9裁判集刑51号363頁）。

(iv)　棺内蔵置物

　葬祭の対象となっている物のうち，とくに，一般に財産権の目的となる物で棺内に蔵置された物（「棺に納めてある物」）が財産犯の客体としての財物といえるか，について，見解の対立がある。
　財産的価値がある棺内蔵置物を領得することは，これを財物として取得することを意味し，たんに棺内蔵置物に対する宗教上の感情を侵害することを超えたものであるから，190条と財産犯との観念的競合をみとめるべきであるとする見解もある。しかし，棺内蔵置物は，もっぱら信仰上の対象物とされ，もはや財産犯規定による保護を放棄されたものと解すべきなのである。さらに，財産犯との観念的競合をみとめると，せっかく法定刑を下げた意味がなくなってしまうので，妥当でない。

(4)　不法領得の意思

　不法領得の意思の問題は，通常，「領得犯」または「領得罪」（不法領得の意思を不可欠の要素とする財産犯）の代表とされる窃盗罪を中心に議論される。

　不法領得の意思の内容について，判例・通説は，伝統的に「権利者を排除して他人の物を自己の所有物として，その経済的用法に従ってこれを利用または処理する意思」と解している（大判大 4・5・21 刑録 21 輯 663 頁，最判昭 26・7・13 刑集 5 巻 8 号 1437 頁）。しかし，「その財物につきみずから所有者としてふるまう意思」と解する説や「他人の物によって何らかの経済的利益を取得する意思」と解する説も主張されている。

　このように，不法領得の意思は，①自己の所有物として利用・処分すること，②その経済的用法に従って利用・処分すること，という 2 つの要素を包含している。①の要件は「使用窃盗」を，②の要件は「毀棄・隠匿を目的とする奪取行為」を，それぞれ窃盗から排除するために必要であるとされているのである。

⑸　権利行使と財産犯

　行為者が相手方に対して財産上の権利を有するばあいに，その権利を実現するために窃取，強取，詐取，喝取の方法を用いたばあいに財産犯が成立するのか，というのが権利行使と財産犯の問題である。たとえば，債権者が，債権を実現するために暴行・脅迫を債務者に加えたばあい，債権者について恐喝罪が成立するのか，それとも脅迫罪が成立するにとどまるのか，が問題となる。債務者は，債務の本旨に従ってこれを履行する義務を負っており（民 415 条），債権者が一定の財物ないし財産上の利益を取得することによって債権の目的を達すれば，両者の間には財産上の損失・利得がないと考えられ得るので，もはや財産犯が成立する余地はないのではないか，という疑問が生ずる。この点について，判例・通説は，恐喝罪の成立をみとめている（最判昭 30・10・14 刑集 9 巻 11 号 2173 頁）。

　正当な権利を有する者が，権利を行使する意思がないにもかかわらず，権利の実行に名を借りて恐喝行為をおこなったばあいに，恐喝罪が成立する点については，判例・学説は一致している。

　権利行使と恐喝罪・詐欺罪の成否の問題には，相手方が不法に占有している自己の所有物を取り戻すために恐喝行為・欺く行為をおこなったばあいの

罪責いかん，という問題も包含される。このばあい，恐喝罪・詐欺罪の保護法益を所有権その他の本権と解する本権説とその保護法益を占有と解する所持説は，それぞれ結論を異にする。すなわち，本権説によると，本権の侵害が存在しないため，恐喝罪・詐欺罪の構成要件該当性が否定され，手段としての暴行・脅迫が暴行罪・脅迫罪を構成することになる。その際，権利の実行＝自救行為という見地から，その違法性阻却の肯否が問題となる。これに対して，所持説によると，恐喝罪・詐欺罪の構成要件該当性が肯定され，自救行為によりその違法性が阻却され得るばあいがあるとされる。

(6)　不法原因給付と財産犯

　不法の原因に基づいて財物を給付した者は，民法上，その物の返還を請求できない。このように，民法上，裁判による法的保護を受けない物について財産犯が成立し得るか，というのが，不法原因給付と財産犯の問題である。従来，給付物について横領罪が成立するかどうか，が主要な論点とされてきたが，詐欺罪・恐喝罪・強盗罪・盗品等に関する罪の成否も問題となる。

(i)　不法な原因に基づく給付の取得行為の可罰性

　欺く行為または脅迫行為による財物の交付が不法原因に基づく給付であるばあい，詐欺罪または恐喝罪が成立するかどうか，が問題となる。これは肯定的に解されるべきである。脅迫行為のばあい，給付に任意性がないときには「強取」が存在することとなって，強盗罪が成立する。

　判例も，通貨偽造資金として金銭を詐取するばあいに詐欺罪が成立することをみとめている（大判明43・5・23刑録16輯906頁，大判昭12・2・27刑集16巻241頁）。1項詐欺罪における財産上の損害は，本来ならば交付しなかったはずの財物を欺く行為や脅迫行為によって交付したこと，つまり財物の喪失の点にあるので，不法原因給付のばあいも，欺く行為または脅迫行為の結果，財物を交付した以上，財産上の損害があり，詐欺罪または恐喝罪が成立することになるわけである。闇米購入のための代金の詐取のばあいも，同様に詐欺罪が成立する（最判昭25・12・5刑集4巻12号2475頁）。

　このような通説・判例の立場に対しては，法の保護を受けるべき財産が存在しないばあいには財産上の損害は発生せず，したがって，詐欺罪または恐喝罪は成立しないとする見解も主張されている。

　財産犯によって取得された物を受け取ったばあい，受給者について盗品等に関する罪が成立する。

(ii) 不法原因給付物の返還を給付者が請求してきたばあいに，受給者が脅迫して返還を断念させる行為の可罰性

　このばあいには，恐喝罪を構成する。詐欺罪もこれに準じて扱われるべきである。たとえば，賭博で取られた金を強取の方法で取り戻したばあい，民法708条を基礎にして強盗罪の成立をみとめるべきである（大判明39・7・5刑録12輯844頁）。詐欺罪・恐喝罪も，これに準じて扱われる。

(iii) 不法原因給付物の処分行為と横領罪の成否

　不法原因給付のばあい，委託者（給付者）は民法708条によって給付物の返還請求はできないが，その物についての所有権を喪失するわけではないから，その給付物は受託者（受給者）にとって，なお「自己の占有する他人の物」（252条）であり，委託関係もあるので，これをほしいままに処分する行為は，横領罪を構成する（大判明43・7・5刑録16輯1361頁，大判昭11・11・12刑集15巻1431頁）。

　これに対して消極説も主張されており，その論拠として，①一方において給付者は給付物の返還請求をなし得ず，他方において受給者は給付者に対して何ら法的義務を負担していないので，給付者には法的に「保護されるべき所有権」がないこと，②不法原因給付は横領罪の成立に必要な「委託関係」を欠如させること，③民法上，返還義務のない者に対して，刑罰という制裁を加えることによって返還を強制するのは，「法秩序全体の統一」を破壊すること，などを挙げている。

2 窃盗の罪

　窃盗の罪として,「窃盗罪」(235条) と「不動産侵奪罪」(235条の2) が規定されている。

(1) 窃盗罪

　本罪は,他人の財物を窃取する罪である。法定刑は,10年以下の拘禁刑または50万円以下の罰金 (235条)。未遂を罰する (243条)。

(i) 保護法益

　保護法益の捉え方に関して,学説は本権説・所持説・平穏占有説に分かれているが,この点について通説は,次のように解している。すなわち,窃盗罪は,財物に対する他人の支配を排除して自己 (または第3者) の支配を新しく確立するという方法によって,他人の所有権その他の本権を侵害する犯罪であると解しているのである(本権説)。そして財物が他人の支配にあること,つまり他人が所持することは,窃盗罪の要件であるが,単なる所持は法益ではないと解しているのである。

　これに対して所持説は,民法上,本権から独立して占有が保護されるので,刑法においても所持が独立の法益であると解する。すなわち,窃盗罪の規定の機能は,所有権の保護よりも所持されている財物の財産的秩序の保護に重点がおかれるべきであり,窃盗罪の客体の中心は,他人の所有物ではなくて,むしろ他人の所持する財物,つまり財物の他人所持そのものであると考えているわけである。

　平穏占有説は,もともと本権説の修正として主張された見解である。本権説を徹底させると,民事法上の権原に基づいて適法に開始された占有であっても,その権原の消滅と同時に刑法的保護の範囲外におかれることとなって,実際上,不都合な結果が生ずる。そこで,無権原の占有であっても,「一応理由のある占有」,「法律的・経済的利益の裏づけある占有」,「平穏な占有」

は，刑法上の保護法益としてみとめるべきであるとされるわけである。平穏占有説は，所持説の修正としても主張されている。この見解によると，民事法上，不法である占有は保護の対象となるが，明らかな不法占有は平穏な「他人の占有」とはみとめられず，窃盗犯人から所有者が盗品を取り戻す行為は窃盗罪とはならないことになる。

　大審院の判例は，本権説の立場に立って自己所有物を詐取行為または窃取行為によって取り戻しても，詐欺罪・窃盗罪を構成しないと解していた。しかし，最高裁の判例は，自己所有物の詐取について，大審院判決を変更し（最判昭 34・8・28 刑集 13 巻 10 号 2906 頁），自己所有物の窃盗罪についても所持説の立場からその成立を肯定するに至っている（最判昭 35・4・26 刑集 14 巻 6 号 748 頁）。判例は，基本的に所持説の立場に立っているが，所有者が盗品を盗み返す行為に関する判例はまだ出ていないので，所持説を徹底させるのか，平穏占有説の段階にとどまるのかは，現時点では必ずしも明らかではない。

(ii) 所持・占有の意義

(a) 意　義

　窃盗罪は，財物を所持・占有している者の意思に反してその所持・占有を侵奪する犯罪であるから，所持・占有の意義は重要である。「所持」・「占有」とは，財物に対する支配の意思をもって事実上，その財物を支配することをいう。民法上の占有とは違って，より現実的な概念であり，「自己のためにする意思」は不要であり，代理占有・占有の相続もみとめられない。客観的要素として財物に対する「事実上の支配」が必要であり，主観的要素として「事実上支配の意思」が必要である。

(b) 主　体

　占有は，財物に対する事実的支配を内容とするので，法人の所有物については，その機関である代表者自身が法人のためにそれを占有していることになる。自然人については，意思能力または責任能力の有無にかかわらず，事実上，財物に対する支配を有する者がこれを占有することになるので，幼児や精神病者，酩酊による心神喪失者なども，占有の主体になり得る。

(c)　上下主従関係と占有

　雇用契約などに基づいて「上下主従の関係」にある者が，財物を事実上，共同して支配しているばあい，刑法上の占有は，上位者に属し，下位者は単なる占有補助者として上位者の手足のようにその管理を補助しているにすぎない（大判大7・2・6刑録24輯32頁）。したがって，商店内の商品を店員が，店主に無断で持ち出したばあいには，店主の占有を侵害したことになり窃盗罪が成立する。しかし，商店の管理を委ねられている番頭・支配人などのように，上位者である主人，雇主との間の高度の信頼関係に基づき，その現実に支配している財物について，ある程度の処分権が委ねられているばあいには，下位者である番頭・支配人などに占有がみとめられるので，下位者がその財物をほしいままに処分する行為は，窃盗罪ではなくて（業務上）横領罪を構成することになる。

(d)　共同占有

　数人が共同して他人の財物を保管しているばあいに，その共同保管者の1人が，他の保管者に無断でそれを自己単独の占有に移す行為は，共同占有者である他人の占有を侵害するので，窃盗罪を構成する（最判昭25・6・6刑集4巻6号928頁）。

(e)　包装物

　封緘・施錠などを施された包装物が委託されたばあい，その占有は，委託者または受託者のいずれにあるか，が問題になる。この点につき，判例は，包装物の全体についての占有は受託者に属するが，内容物の占有は委託者に帰属すると解している（大判明44・12・15刑録17輯2190頁，最決昭32・4・25刑集11巻4号142頁）。しかし，判例の立場によると，包装物の「全体」を処分したばあいには横領罪が成立し，その「一部」である内容物だけを抜き取って処分したばあいには窃盗罪が成立し，かえって刑が重くなるという「刑の不均衡」が生ずる。そこで，包装物全体および内容物について，委託者の占有をみとめ，全体の取得も内容物の抜き取りも，ともに窃盗罪にあたると解するのが妥当である。なぜならば，封緘・施錠によって委託者の占有が内容物にも及んでいると解することができるからである。

(f)　死者の占有

　人を死亡させた後に，その財物を奪取する意思を生じてこれを奪取したばあい，窃盗罪が成立するのか，遺失物横領罪が成立するのかは，占有の有無にかかっているので，「死者の占有」の問題は，実践的にも重要である。人を殺してその財物を奪取するばあいには，強盗殺人罪が成立する点で見解は一致しているが，致死行為を手段として盗取していないばあいには，強盗罪ではなくてその致死行為を処罰する罪のほかに窃盗罪が成立するのである。

　窃盗罪と解する根拠について，「死者の占有」という観念を一般的にみとめて，被害者自身が，死後にもその財物の占有を継続して有し，これを侵害することになるとする見解もある。死者には，占有の意思・財物に対する現実的な支配の事実をみとめることができないので，死者は占有の主体とはなり得ない。このばあいには，被害者の生前に有した占有が，被害者を死亡させた犯人に対する関係では，被害者の死亡と時間的，場所的に近接する範囲内にある限りにおいて，刑法的保護に値するので，犯人が被害者を死亡させたことを利用してその財物を奪取したという「一連の行為」を全体的に評価して，その奪取行為は窃盗罪を構成すると解するのが妥当である（大判昭16・11・11刑集20巻598頁，最判昭41・4・8刑集20巻4号207頁）。

　人が死亡した後，その死亡の原因とまったく無関係の第3者が死体の帯びていた財物を取得したばあいには，その財物について新たな管理者の占有がみとめられるような特別の事情がないかぎり，遺失物横領罪が成立するにとどまる。

(iii)　窃　取
(a)　意　義

「窃取」とは，他人が占有する財物をその者の意思に反して，自己または第3者の事実的支配下におくことをいう。

　本罪における実行の着手は，財物に対する他人の占有を侵害する行為が開始された時点でみとめられる。実行の着手時期について判例は，基本的には，財物への物色時説をとりつつ具体的事案によって接近時説を採用して，着手

の判断について実質的客観説に近い立場をとるに至っている。

　警察官や金融庁職員になりすまして被害者に対して詐欺被害に遭っている旨の虚偽の事実を伝えた上で，キャッシュカードを封筒に入れさせ，被害者がその場を離れた隙に，偽封筒とすり替えてキャッシュカードを取得する行為は，「窃取」に該当する。なお，最高裁の判例は，このすり替え事案の計画のもとに，被害者に虚偽の説明の電話を掛けて疑いなく信じさせたばあいは，被告人が金融庁職員を装い被害者宅付近路上まで赴いた時点で実行の着手をみとめている（最判令4・2・14刑集76巻2号101頁）。

　通説・判例は，主観的要件として，故意および不法領得の意思を要求する。故意の内容は，財物に対する他人の所持・占有を排除して，それを自己または第3者の支配下におくことを表象・認容することである。

(b)　既遂時期

　既遂時期に関して，判例・通説は，他人の占有を排して，財物を行為者または第3者の占有に移した時と解する取得説をとっている。窃盗罪は，占有奪取を本質とする犯罪類型であるから，現実に占有奪取があったとみとめられる時点，つまり財物の占有を取得した時点を既遂時期と解する判例・通説の立場は妥当である。

(c)　不可罰的事後行為

　既遂の後，行為者が目的物を使用・処分する行為は，窃盗罪として包括的に評価されているかぎりにおいて，不可罰的事後行為または共罰的事後行為である。しかし，事後の処分行為が新たな法益の侵害を伴うため，窃盗罪としての評価を超えるばあい，たとえば，窃取した預金通帳を利用して，預金の払戻しを受けるようなばあいには，別に詐欺罪が成立し，窃盗罪と牽連犯となる（通説）。しかし，判例は，併合罪と解していると見られる（最判昭25・2・24刑集4巻2号255頁）。

(2)　不動産侵奪罪

　本罪は，他人の不動産を侵奪する罪である。法定刑は，10年以下の拘禁刑（235条の2）。

⒤　意　義

本罪は，客体が不動産である点以外は，罪質・保護法益など窃盗罪のばあいとまったく同じである。

⒥　行　為

「侵奪」とは，不動産に対する他人の占有を排除し，自己または第3者の支配下に移すことをいう。侵奪といえるためには，不動産に対する占有の排除と取得とが必要であるので，借地権や借家権が消滅したのち所有者の立退要求に応じないで居坐っているだけでは侵奪とはならない。

(3)　親族間の特例（親族相盗例）

配偶者，直系血族または同居の親族との間で，窃盗罪・不動産侵奪罪またはこれらの罪の未遂罪を犯した者は，その刑を免除する（244条1項）。1項に規定する親族以外の親族との間で犯した同項に規定する罪は，告訴がなければ公訴を提起することができない（2項）。1項および2項の規定は，親族でない共犯については，適用されない（3項）。本条の規定は，詐欺・背任・恐喝・横領の各罪について準用される（251条・255条）。

⒤　法的性格

親族相盗例は，「法は家庭に入らず」という法思想を具体化したものであり，「刑の免除」は，犯罪として成立するけれども刑罰を科さないとする有罪判決の一種である。一定の親族関係が存在することによって刑が科せられないわけであるから，これは一身的処罰阻却事由である。親告罪は，犯罪として成立し，しかも刑罰も科せられるものであるが，告訴がなければ公訴を提起できないとされるにすぎないので，刑の免除のほうが親告罪としての扱いよりも有利なのである。

⒥　親族の意義

本条が適用される親族は，配偶者・直系血族・同居の親族である。これら

の意義は，民法の規定に従う。したがって，内縁関係にある者は「配偶者」にあたらず（最決平18・8・30刑集60巻6号479頁），逆に離婚届を出していないかぎり，長期間別居中の夫婦は，これにあたる。実父によって正式に認知されていない子も「直系血族」にあたらないことになる。同居の親族とは，同一の住居内で日常生活を共同している親族をいう。

ⅲ　親族関係の範囲

　親族関係は行為者（窃盗犯人）と誰との間に存在することが必要か，について，①行為者と目的物の所有者との間に存在すれば足りるとする見解，②行為者と目的物の占有者との間に存在すれば足りるとする見解，③行為者と所有者および占有者との間に存在する必要があるとする見解，④行為者と所有者または占有者のいずれか一方との間に存在すれば足りるとする見解が主張されている。「法律は家庭に入らず」という思想からすると，目的物の所有者または占有者が親族でないばあいには，事柄はすでに家庭外に波及しているから，本条を適用すべきではないことになる。したがって，③説の立場が妥当である。通説・判例は，③の立場に立っている（最決平6・7・19刑集48巻5号190頁）。

ⅳ　錯　誤

　行為者と一定の者の間に身分関係がないのにあると誤信したばあい，一身的処罰阻却事由説によれば，身分関係・親族関係は客観的に存在することを要し，かつそれで足りるので，この点に関する錯誤はその適用に影響を及ぼさないことになる。

　しかし，誤信したことにつき「相当の理由」があるばあいには，38条2項の趣旨を活かして親族相盗例を準用すべきであると解する判例がある（福岡高判昭25・10・17高判集3巻3号487頁）。この判例のように解するのが妥当である。

<h1 style="text-align:center">3 強盗の罪</h1>

⑴　意　義

　強盗の罪は，人の反抗を抑圧する程度の暴行・脅迫を手段として，財物を奪取し，または，財産上，不法の利益を得，もしくは他人に得させる行為，および，これに準ずる行為を内容とする犯罪である。強盗の罪は，財産犯であると同時に，他人の生命・身体・自由・生活の平穏などを害する要素を含む攻撃犯・暴力犯でもある。この点で窃盗罪とは罪質を異にする。また，窃盗罪がたんに財物罪であるのに対して，強盗罪は財物罪であるとともに利得罪でもある点でも，両者は異なる。

　次に，強盗の罪は，手段の点および客体の範囲において恐喝罪と共通するが，暴行・脅迫の程度において異なる。

　刑法は，強盗の罪として，「強盗罪」(236条)，「事後強盗罪」(238条)，「昏酔強盗罪」(239条)，「強盗致死傷罪」(240条)，「強盗不同意性交等・同致死罪」(241条)，および，これらの「未遂罪」(243条)，ならびに，「強盗予備罪」(237条) を規定している。

　強盗罪は，財物を強取する狭義の強盗罪 (1項強盗罪) と，財産上，不法の利益を得る強盗利得罪 (2項強盗罪) とから成り立っている。

⑵　強盗罪 (236条)

(ⅰ)　1項強盗罪

　本罪は，暴行または脅迫を用いて他人の財物を強取する罪である。法定刑は，5年以上の有期拘禁刑 (236条1項)。

(a)　暴行・脅迫

　本罪における暴行・脅迫は，相手方の反抗を抑圧するに足りる程度のものでなければならない。その程度に至らないものは，恐喝罪を構成するにすぎない。

　暴行・脅迫の程度は，一般人を基準にして，具体的事情を考慮したうえで

客観的に判断されるべきである。すなわち，暴行・脅迫についての判断は，社会通念上，一般に被害者の反抗を抑圧する程度のものかどうか，という客観的基準によるのである。相手方が現実に精神・身体の自由を完全に制圧されたことは，必要ではない。

⒝　暴行・脅迫の相手方

暴行・脅迫の相手方は，たんに財物の強取について障害となる者であれば足りる。しかし，反抗に協力する地位にある第3者とする見解や財物または財産上の利益を現に保護し，または保護する意思を有し，あるいは保護する義務を有する第3者とする見解もある。

⒞　行　為

「強取」とは，暴行・脅迫を手段とし，相手方の意思に反して，その財物を自己または第3者の支配下に移すことをいう。強取があったといえるためには，犯人の暴行・脅迫による被害者の反抗抑圧と財物の奪取との間に因果関係が存在しなければならない。

主観的要件として，故意のほかに，判例・通説によると，不法領得の意思が必要である。故意の内容は，暴行・脅迫を加えて相手方の反抗を抑圧して，その財物を奪取することの表象・認容である。

⒟　実行の着手時期と既遂時期

本罪の実行の着手時期は，財物強取の目的で被害者の反抗を抑圧する程度の暴行・脅迫が開始された時である。

既遂時期は，取得説の立場から，被害者の占有を排除して財物を犯人または第3者の占有に移した時と解すべきである。

⒤　2項強盗罪（強盗利得罪）

本罪は，暴行・脅迫を用いて財産上，不法の利益を得，または他人にこれを得させる罪である。法定刑は，5年以上の有期拘禁刑（236条2項）。

⒜　客　体

本罪の客体は，「財産上の利益」である。「財産上の利益」とは，財物以外の財産的利益をいう。積極的財産の増加ばかりでなく，消極的財産の減少を

含む。

(b) 行 為

「財産上不法の利益を得る」とは，財産的利益を不法に取得することをいい，財産上の利益自体が不法なものであることを意味するのではない。債権の取得，債務の免除，債務の履行期の延期，飲食代金の支払いを猶予させること，債務の負担を約束させることなどが，これにあたる。

(c) 処分行為

財産上，不法の利益を取得するにあたって，つねに被害者の処分行為を必要とするか，に関して，積極説は，財物の強取が所持の移転によって成立するのと同様に，利益取得にあっても，利益が被害者の支配から他に移転したとみとめられるべき外部的事実として処分行為が必要であると主張している。しかし，強取罪と利得罪とは，財物の強取と財産の不法利得が異なるだけであるから，強取罪が被害者の処分行為を要件としていない以上，利得罪についても同様に解すべきである。

(3) 事後強盗罪

窃盗が，財物を得てこれを取り返されることを防ぎ，逮捕を免れ，または罪跡を隠滅するために，暴行または脅迫をしたときは，強盗として論ずる（238条）。

(i) 意 義

本罪は，暴行・脅迫が窃盗行為の後でおこなわれる点で狭義の強盗罪と異なるが，実際上もしばしばおこなわれる態様であり，全体的に見ると，本来の強盗罪と同じように評価できるので，強盗の罪として取り扱われる。昏酔強盗罪と併せて「準強盗罪」と称される。

「強盗として論ずる」とは，刑法上，すべての点で強盗罪として取り扱うことを意味する。すなわち，処罰はもとより，強盗致死傷罪，強盗不同意性交等罪などの適用についても，すべて強盗罪として取り扱われる。

⑾　主　体

本罪の主体は，窃盗犯人である。窃盗犯人が，盗んだ品物を取り返されるのを防ぐために暴行・脅迫をおこなうばあいは，窃盗罪は既遂に達しているが，窃盗犯人が，逮捕を免れ，または罪跡を隠滅するために暴行・脅迫をおこなうばあいは，窃盗罪の未遂・既遂を問わない。

窃盗の着手前の行為については，本条の適用はない。

⒀　窃盗の機会

暴行・脅迫は，「窃盗の機会」におこなわれることが必要であり，時間的・場所的に窃盗行為に接着した範囲内でおこなわれることが必要である。したがって，時間的・場所的に多少の離隔があっても，犯人が犯行現場から引き続き追跡されているなど，時間的・場所的に継続的延長があるとみとめられる状況のもとで暴行・脅迫がおこなわれたばあいには，本罪が成立することになる。

⒁　目　的

本罪は目的犯であり，暴行・脅迫は，財物が取り返されることを防ぎ，逮捕を免れ，または罪跡を隠滅するためにおこなわれることを要する。

⒂　未　遂

本罪は，窃盗犯人が盗品の取返しを防ぐために暴行・脅迫をしたばあいには，暴行・脅迫を加えた時点でただちに既遂となる。逮捕を免れ，または罪跡を隠滅するために暴行・脅迫をしたばあいにも，窃盗罪の未遂・既遂を問わず，本罪は既遂に達するとする見解もある。しかし，このように解すると，本罪の未遂の成立をみとめることは困難となるし，本罪の主旨は財物奪取にあるので，通常の強盗未遂罪との均衡上も，暴行・脅迫を加えても財物を得るに至らないときは，本罪の未遂と解すべきである。

⑷　昏酔強盗罪

人を昏酔させてその財物を盗取した者は，強盗として論ずる (239条)。

(i)　意　義

他人を昏酔させて抵抗不能の状態にして財物を盗取する行為も，強盗に準ずる性質をもつので，これを強盗罪として取り扱うことにしたものである。

(ii)　行　為

「昏酔させる」とは，意識作用に一時的または継続的な障害を生じさせ，財物に対する事実的支配を困難にすることをいう。その方法には制限がなく，たとえば，麻酔薬・睡眠薬を用いること，催眠術にかけること，泥酔させることなどが，これにあたる。本罪が成立するためには，財物盗取の目的で犯人みずからが被害者を昏酔させることが必要である。

⑸　強盗致死傷罪 （強盗傷人・強盗殺人罪）

強盗が，人を負傷させたときは無期または6年以上の拘禁刑に処し，死亡させたときは死刑または無期拘禁刑に処する (240条)。

(i)　意　義

本罪は，「強盗の機会」にしばしば殺傷行為がおこなわれる点に着目し，強盗犯人が強盗の機会に人を殺傷したばあいをとくに重く処罰するものである。

(ii)　主　体

本罪の主体は，強盗犯人である。強盗犯人とは，強盗の実行に着手した者をいう。

(iii)　行　為

通説・判例によると，「傷害」の程度は，傷害罪における傷害と同じである。

　「人を死亡させる」とは，他人を死亡させることであるから，結果的加重犯として人を死亡させたばあいがこれにあたることは，勿論である。強盗犯人が殺意をもって人を死亡させたばあいも含まれるか，については，見解が分かれている。本条を結果的加重犯のみを規定するものと解すると，結果的加重犯の未遂はあり得ないので，243条により未遂罪を罰することを合理的に説明できなくなる。そこで，本条には，強盗罪と傷害致死罪との結合犯としての結果的加重犯である強盗致死罪と，強盗罪と故意ある殺人罪との結合犯である強盗殺人罪の両方が含まれ，強盗犯人が故意をもって人を死亡させたばあい，本条後段だけを適用すれば足りると解すべきである。

(iv)　死傷の結果

　死傷の結果は，強盗の手段としてなされた行為から生じたことを必要とするか否か，をめぐって，見解の対立がある。刑法上，本罪と法定刑を同じくする強強盗不同意性交等致死罪（241条）が別個の犯罪類型とされるので，致死傷の結果は強盗の手段である行為から生じたことを必要と解する見解もあるが，致死傷の原因行為が「強盗の機会」におこなわれれば足りると解すべきである。なぜならば，死傷を強盗の手段である行為から生じたものに限定すると，強盗犯人が逮捕を免れるために被害者などを死傷させたばあいにも本条を適用できなくなって不当であるからである。

　「強盗の機会」でさえあれば，強盗の目的と無関係なばあいにも本罪の成立をみとめるのは，広すぎるので，強盗の機会になされた行為であって，被害者に向けられた強盗行為と通常，「密接な関連性」をもつ行為によって生じた致死傷についてのみ，本罪の適用をみとめるべきである。

(v)　被害者の占有

　強盗致死罪のばあい，致死の事実の発生は，財物強取の前後を問わない。したがって，人を殺害してその財物を奪取する意思で実行したばあいでも，本罪は成立する。このばあい，死亡した被害者に財物の占有をみとめ得るかどうか，が問題となる。判例は，このばあい，被害者が生前所持していた財

物は，被害者の死亡後，ただちに相続人の占有に移り，この承継された相続人の占有を侵害すると解した（大判明39・4・16刑録12輯472頁）。しかし，これは，民法上の占有概念にとらわれて刑法上の占有の性質を無視するものであって妥当でない。

　それでは，どのように根拠づけるべきか，をめぐって，学説は，次のように分かれている。すなわち，①着手の時において財物が被害者の占有に属していれば足りるとする説，②被害者が死後も継続して有する占有を侵害するとする説，③被害の瞬間に占有が犯人に移転するとする説などが主張されている。被害者が生前有していた占有を，殺害・盗取の一連の行為によって侵害し，犯人の占有に移すものであると解するのが妥当である。

⑹　強盗不同意性交等罪（・不同意性交等強盗罪）・同致死罪

　強盗犯人が不同意性交等したときまたは不同意性交等の犯人が強盗をしたときは，無期または7年以上の拘禁刑に処する。よって客体を死亡させたときは，死刑または無期拘禁刑に処する（241条）

（i）意　義
　本罪は，「強盗の機会」に犯人が反抗を抑圧された者を不同意性交等することが少なくなく，それは，強盗に加えて被害者の性的自由を侵害するきわめて悪質な行為であるから，強盗（致死傷）罪と不同意性交等（致死傷）罪との結合犯として，独立の加重類型とされたのである。さらに，不同意性交等の機会に強盗が行われたばあいも同様であるとして本類型に追加されている。

（ii）主　体
　①強盗・不同意性交等罪の主体は，強盗犯人であり，準強盗罪の犯人も含まれる。強盗犯人は，強盗致死傷罪のばあいと同様，強盗の故意でその実行に着手した者をいい，強盗そのものは既遂であっても未遂であってもかまわない。②不同意性交等・強盗罪の主体は，不同意性交等罪の犯人であり，不同意性交等罪は，実行に着手していれば既遂であっても未遂であってもかま

わない。①②ともに強盗と不同意性交等の行為は，同一の機会に行われる必要がある。

(7)　強盗予備罪

強盗の罪を犯す目的で，その予備をする罪である。法定刑は，2年以下の拘禁刑（237条）。

(i)　意　義

強盗の予備とは，強盗の実行を決意し，その着手を準備することをいう。

(ii)　主　体

判例は，本条にいう「強盗の目的」には，238条の準強盗を目的とするばあいも含むと解している（最決昭54・11・19刑集33巻7号710頁）。

④　詐欺及び恐喝の罪

(1)　意　義

詐欺の罪は，人を欺いて錯誤に陥れ，その錯誤に基づく処分行為によって他人の財物または財産上の利益を取得し，もしくは他人に取得させる行為およびこれに準ずる行為を内容とする犯罪である。刑法第37章は，「詐欺及び恐喝の罪」と題して，詐欺罪および恐喝罪を1編に規定している。両罪は，盗取罪，つまり占有者の意思に反して財物（財産上の利益）を取得する犯罪と異なって，相手方の「瑕疵ある意思」に基づいて取得する点に特徴がある。

(2)　詐欺罪の保護法益
(i)　国家的・社会的法益と詐欺罪

詐欺罪の保護法益は，個人の財産である。したがって，国家的・社会的法益に向けられた詐欺的行為は，詐欺罪の定型性を欠くことになる。ところが，判例は，他人名義の移動証明書によって不正に主食の配給を受けたばあいに

詐欺罪の成立をみとめている（最〔大〕判昭23・4・7刑集2巻4号298頁）。しかし，詐取の方法による主食の不正受給の行為は，国家による配給統制を乱し，統制経済秩序を侵害するところにその本質があるので，それぞれの特別法違反の罪の成立を肯定すれば足り，刑法典上の詐欺罪の成立をみとめるべきではない。その後も，判例は，農地法の規定によって国が所有する未墾地の売渡事務をつかさどる県知事を欺いて，売渡し処分のもとに土地の所有権を取得する行為は，農業生産力の推進という農業政策上の国家的法益の侵害に向けられた側面を有するものであるとしても，なお，詐欺罪を構成すると解している（最決昭51・4・1刑集30巻3号425頁）。

(ii)　財物の占有の保護

　財物犯としての詐欺罪の保護法益は財物の所有権か，占有それ自体か，が問題となる。この点について通説は，窃盗の罪と同様，所有権その他の本権を保護法益と解している。

　これに対して判例は，財物の占有自体も保護される必要があり，その占有は，必ずしも適法な占有である必要はなく，平穏な占有で足りるとしてこれをも保護法益に含めている（最判昭34・8・28刑集13巻10号2906頁）。判例の立場が妥当であると解すべきである。

(3)　1項詐欺罪

　本罪は，人を欺いて財物を交付させる罪である。法定刑は，10年以下の拘禁刑（246条1項）。未遂を罰する（250条）。

(i)　行　為

　本罪の行為は，欺いて財物を交付させることである。「欺く」とは，人を錯誤に陥れることをいう。

　「人」をだますものでなければならないので，自動販売機にコイン以外の金属片を入れて財物を取り出す行為や磁石を用いてパチンコ玉を当り穴に誘導して不正に玉を流し出して取得する行為は，詐欺罪ではなくて窃盗罪を構成

する（最決昭31・8・22刑集10巻8号1260頁）。

　欺く手段・方法には，まったく限定はない。言葉によると挙動によるとを問わない。作為・不作為のいずれであってもかまわない。法律上，真実の事実を告知すべき義務を有する者が，ことさらにその事実を黙秘隠蔽して取引きをおこなうという不作為によることも可能である（大判昭8・5・4刑集12巻538頁）。抵当権の設定登記がなされていることを黙秘して不動産を普通価格で売り渡すこと（大判昭4・3・7刑集8巻107頁），見本と異なる担保品であることを告知しないでこれを提供して金銭を借用すること（大判大13・3・18刑集3巻230頁），準禁治産者（被保佐人）である事実を黙秘して金銭を借りること（大判大7・7・17刑録24輯939頁）などがその例である。

(ii)　つり銭詐欺

　相手方が錯誤によって多額のつり（釣）銭を交付しようとする際，これを知りながら受け取るつり銭詐欺は，不作為による1項詐欺罪である。ただし，過分であることをつり銭交付のときには気付かず，持ち帰ってから気付いてそのまま返還しないばあいは，遺失物横領罪となる。

(iii)　無銭飲食・無銭宿泊

　無銭飲食，無銭宿泊については，はじめから代金支払いの意思がないことを告げない点で不作為による欺く行為があると解する見解もあるが，飲食の注文，投宿時には代金の支払いが一般的慣行であるから，支払いの意思がないのに黙って注文・宿泊する行為は，支払いの意思・能力のあることを装う積極的な挙動（作為）による欺く手段といえる（最決昭30・7・7刑集9巻9号1856頁）。

(iv)　クレジットカード詐欺

　他人名義のクレジットカードを使用してカード加盟店から商品を購入する行為は，名義を偽ることで加盟店を欺き商品を交付させたといえるので，1項詐欺罪となる（最決平16・2・9刑集58巻2号89頁）。自己名義のクレジット

カードをその代金支払いの意思も能力もない者が使用してカード加盟店から商品を購入する行為については，学説は分かれている。これについては，支払いの意思および能力のないことを加盟店が知れば取引を拒絶するので，これを告げずにクレジットカードを使用して，加盟店から商品の交付を受けることは，加盟店に対する1項詐欺罪を構成すると解するのが妥当である（福岡高判昭56・9・21月報13巻8・9号527頁）。

(v)　欺かれる者

　欺く行為の相手方は，特定人である必要はなく，広告詐欺におけるように，不特定人に向けられてもよい。欺かれる者は，財産上の被害者と同一である必要はないが，財物または財産上の利益について処分行為をなし得る権限を有するか，あるいはその地位にあることが必要である。

　欺かれる者と交付者とが同一人でなければならないかどうか，がとくに「訴訟詐欺」のばあいに問題となる。訴訟詐欺とは，民事訴訟で裁判官に対して虚偽の主張をしたり，偽造証拠を提出して担当裁判官に原告が主張する事実の存在を誤信させて，自己に有利な判決を得て，他人の財物を取得し，または自己の義務を免れるばあいをいう。訴訟詐欺は，裁判所を欺いて錯誤に陥らせ，その処分行為に基づいて敗訴者から財物を交付させるものであり，詐欺罪にほかならない。通説もこれと同じ立場である。

(vi)　詐　取

　詐取とは，相手方の錯誤に基づく財産的処分行為によって財物の占有を取得することをいう。

　財産的処分行為は，行為者の処分意思に基づくものでなければならないので，意思能力をまったくもたない幼児や重度の精神障害者がおこなった行為は，財産的処分行為とはいえない。したがって，これらの者を欺いて財物を奪う行為は，窃盗罪を構成する。人を欺いてその財物を放棄させ，これを拾得するばあい，錯誤に基づく財物の放棄という財産的処分行為があるので，詐欺罪が成立する。これに対して，窃盗罪または遺失物横領罪の成立をみと

める見解もある。

(vii)　財産的損害
(a)　損害発生の要否

　詐欺罪の本質は，欺く行為による財物詐取・利得にあるから，被害者に財産的損害を与えたことは必要でないとする見解もあるが，詐欺罪は，個人の財産に対する罪であるから，被害者に何らかの「損害」が生じたことを要すると解すべきである（最判昭 24・2・22 刑集 3 巻 2 号 232 頁）。

(b)　損害の意義

　「損害」の意義に関して，次の 3 つの見解がある。すなわち，①これを全体財産の減少と考え，損害と利益とは表裏の関係にあるとする説，②詐取・利得の対象となった財物または財産上の利益そのものの喪失と考える説，③詐欺罪が個別財産に対する罪（1 項）と全体財産に対する罪（2 項）とを含むものであるという認識を前提として，1 項詐欺では財物の喪失自体を損害と考える説が主張されているのである。相手方に相当な対価を支払ったばあい，①説によれば，詐欺罪は成立しないが，②説・③説によれば，詐欺罪が成立することになる。③説が妥当である。

(viii)　実行の着手

　人の財物を詐取する意思で欺く行為がなされた時に，実行の着手がみとめられる。火災保険金詐欺のばあい，保険の目的物に放火しただけでは詐欺の実行の着手とはいえず，失火を装って保険会社に保険金の支払い請求行為をおこなった時に，実行の着手がみとめられる（大判昭 7・6・15 刑集 11 巻 859 頁）。振り込め詐欺の事案においては，被害者に現金の交付を求める文言を述べていないとしても，嘘の内容が，現金を交付してしまう危険性を著しく高めるといえるばあいは，その段階で，詐欺罪の実行の着手がみとめられる（最判平 30・3・22 刑集 72 巻 1 号 82 頁）。

(4) 2項詐欺罪 (詐欺利得罪)

本罪は，人を欺いて財産上，不法の利益を得，または他人に得させる罪である。法定刑は，10年以下の拘禁刑 (246条2項)。未遂を罰する (250条)。

(i) 利益の意義

「利益」とは，「有体の財物にあらざる財産上の利益」であり (大判明43・5・31刑録16輯995頁)，積極的な利益だけでなく債務の免脱のような消極的な利益をも含む。

(ii) 利得と処分行為

詐欺罪が成立するためには，利益の取得が錯誤による相手方の財産的処分的行為に基づくことを必要とする。たとえば，代金を支払う意思で飲食した後，財布を忘れたのに気付き，食い逃げをしようという気になり，トイレに行くふりをして裏口から逃走したばあいには，事実上，債務の支払いを免れたという利益を得ているが，相手方 (飲食店の者) の処分行為が存在しないので，詐欺罪は成立しない。

キセル乗車については，運賃を支払わない区間の運送利益を不法に得たことによる詐欺利得罪の成否が大いに議論された。しかし，現在では，切符や定期券が電磁的記録によるものが多くなり，自動改札となったので，その実際上の意義は失われ，電子計算機使用詐欺罪が成立する場面となる (名古屋高判令2・11・5高刑速令2年522頁)。

本罪は，不法利得罪の罪質上，個別財産に対する罪，および，全体財産に対する侵害を対象とする罪としての性質を併有するので，前者においては，犯人が相当の対価を支払っても，財物以外の個々の財産権の喪失自体が損害であるから詐欺罪は成立するが，後者においては，被害者の全体財産に損害が発生することが要求される。

(5) 準詐欺罪

本罪は，未成年者の知慮浅薄または人の心神耗弱に乗じて，その財物を交

付させ，または財産上，不法の利益を得，もしくは他人にこれを得させる罪である。法定刑は，10年以下の拘禁刑（248条）。未遂罪を罰する（250条）。

(i) 罪 質

本罪は，詐欺罪に対する補充的規定であり，未成年者の知能や知識や思慮が足らないこと，または人が心神耗弱の状態にあることに乗じて，財物を交付させ，または財産上の不法の利益を得，もしくは他人に得させることにより成立する。欺く手段を用いない点を除けば，詐欺罪とまったく同じ構造を有するので，これを詐欺に準じて処罰するものである。

(ii) 行 為

「知慮浅薄」とは，知識が乏しく，思慮が不十分であることをいう。「心神耗弱」とは，意思能力を喪失するに至らなくても精神の健全を欠き事物の判断をなすに十分な普通人の知能を具えない状態をいう。限定責任能力者としての心神耗弱と同一に解する必要はない。「乗じて」とは，つけこむこと，あるいは利用することである。このばあいでも，欺く行為が用いられれば，詐欺罪が成立する。

(6) 電子計算機使用詐欺罪 (不実電磁的記録作出利得罪)

本罪は，246条（詐欺罪）のほか，人の事務処理に使用する電子計算機に虚偽の情報もしくは不正の指令を与えて財産権の得喪，変更にかかる不実の電磁的記録を作り，または財産権の得喪，変更にかかる虚偽の電磁的記録を人の事務処理の用に供して財産上，不法の利益を得，または他人に得させる罪である。法定刑は，10年以下の拘禁刑（246条の2）未遂罪を罰する（250条）。

(i) 行 為
(a) 手段の形態

手段として2つの形態が規定されている。第1形態は，①「人の事務処理に使用する電子計算機に虚偽の情報若くは不正の指令を与えて財産権の得

喪，変更に係る不実の電磁的記録を作」ることであり，第2形態は，②「財
産権の得喪，変更に係る虚偽の電磁的記録を人の事務処理の用に供」するこ
とである。

　(b)　**第1形態**

　「虚偽の情報を与え」るとは，真実に反する内容の情報を入力（インプット）
することをいう。たとえば，金融機関が業務用に使用している電子計算機に，
入金がないのに入金したとのデータを入力することとか，預金の引出しが
あったのにそのデータをことさら入力しないことなどが，これにあたる。「不
正の指令を与え」るとは，その電子計算機の使用過程において，本来与えら
れるべきでない指令を与えること，すなわち，電子計算機の設置管理者が事
務処理の目的に照らして本来予定していたことと異なる指令を与えることを
いう。たとえば，10万円を入金したばあいに100万円が記録されるというよ
うに，入金処理プログラムを改変・操作することなどが，これにあたる。

　「財産権の得喪，変更に係る…電磁的記録」とは，財産権の得喪・変更の事
実，またはその得喪・変更を生じさせるべき事実を記録した電磁的記録で
あって，一定の取引き場面において，その作出によって財産権の得喪・変更
がおこなわれるものをいう。たとえば，オンラインシステムにおける銀行の
元帳ファイルの預金残高の記録，プリペイドカードにおける残度数の記録，
あるいは一部で実験的に使用されている残高保持型のIC カードなどは，「電
磁的記録」にあたるが，財産権の得喪・変更を公証する目的で記録にするに
すぎないもの（不動産登記ファイルなど），一定の事項を証明するための記録（ク
レジット会社の信用情報ファイル，キャッシュカードなど）は，「電磁的記録」にあた
らないとされる。

　「不実の…記録を作」るとは，人の事務処理の用に供されている電磁的記録
にデータを入力して真実に反する内容の電磁的記録を作出することをいう。

　(c)　**第2形態**

　「虚偽の電磁的記録を人の事務処理の用に供」するとは，行為者が，その所
持する内容が虚偽の電磁的記録を他人の事務処理用の電子計算機において使
用することをいう。たとえば，虚偽のデータが入力されている電磁的記録を

他人の電子計算機にかけられていた正規の電磁的記録と差し替えて，誤った検索・演算をさせるとか，内容虚偽のプリペイドカードを使用するとかの行為などが，これにあたる。虚偽の電磁的記録は，行為者自身が作出したものであることを必要としない。

(ii) 不法利得

本罪が成立するためには，財産上，不法の利益を得るという結果の発生が必要である。「不法の利益を得」るとは，財物以外の財産上の利益を不法に取得することをいう。

5 恐喝の罪

(1) 意 義

恐喝の罪は，人を恐喝して財物を交付させる罪（狭義の恐喝罪。249条1項），および，財産上，不法の利益を得，または他人に得させる罪（恐喝利得罪。249条2項）から成る。

恐喝の罪には，強盗の罪，詐欺の罪，強要罪とそれぞれ共通する点と異なる点がある。すなわち，強盗の罪とは，財物・財産上の利益を得る点において共通しているが，強盗の罪の手段である暴行・脅迫が相手方の反抗を抑圧する程度のものであることを要するのに対して，恐喝の罪の手段である脅迫は，その程度に至らないもので足りる点において異なる。詐欺罪とは，被害者の瑕疵ある意思によって財物・財産上の利益を得る点において共通しているが，詐欺罪が欺く行為を手段とするのに対して，恐喝罪は恐喝を手段とする点において異なる。強要罪とは，相手方を脅迫し恐怖心をいだかせる点において共通しているが，強要罪は人格に対する罪であるのに対して，恐喝罪が同時に財産罪である点において異なる。

(2) 狭義の恐喝罪（1項恐喝罪）

本罪は，人を恐喝して財物を交付させる罪である。法定刑は，10年以下の

拘禁刑（249 条 1 項）。未遂罪を罰する（250 条）。

(i)　行　為

「恐喝」とは，財物を交付させる手段としておこなわれる脅迫であり，相手方の反抗を抑圧しない程度のものをいう（最判昭 24・2・8 刑集 3 巻 2 号 75 頁）。本罪にいう脅迫は，人を畏怖させるに足りる害悪の告知であって，相手方の反抗を抑圧する程度に至らないものに限られる。

(ii)　財産的損害

恐喝罪が成立するためには，被害者に財産的損害を生じさせたことが必要である。

恐喝者が相当な対価を支払って財物の交付を受けたばあい，恐喝罪の成否が問題となる。財物の喪失自体が財産上の損害であるから，たとえ相当対価を支払っても恐喝罪の成立がみとめられる。

(3)　恐喝利得罪（2 項恐喝罪）

本罪は，人を恐喝して財産上，不法の利益を得，または他人にこれを得させる罪である。法定刑は，10 年以下の拘禁刑（249 条 2 項）。未遂罪を罰する（250 条）。

不法利得とは，相手方の畏怖に基づく財産的処分行為によって，行為者または第 3 者が財産上の利益を不法に取得することをいう。判例は，家主を恐喝して家賃支払いおよび借家の返還の請求を躊躇させ，一時その義務履行を免れたばあい（大判明 45・4・22 刑録 18 輯 496 頁），飲食代金の請求者を脅迫して畏怖させ，よってその請求を一時，断念させたばあい（最決昭 43・12・11 刑集 22 巻 13 号 1469 頁）などにおいて，不法利得をみとめている。

6 横領の罪

(1) 意 義

　横領罪は，他人の占有に属しない他人の財物を不法に取得する犯罪である。横領は特定の財物に対する侵害行為を内容とする財産犯であるが，占有の侵奪を内容としない点で奪取罪と性質を異にする。横領の罪は，「単純（委託物）横領罪」(252条)，「業務上横領罪」(253条) および「遺失物（占有離脱物）横領罪」(254条) から成るが，前2者と遺失物横領罪とは罪質が異なる。すなわち，前2者は，他人から委託されて行為者が占有・保管する他人の財物を不法に取得する犯罪であり，委託者の信頼を裏切るものである。これに対して遺失物横領罪は，不法な取得だけが問題となり，委託者との信頼関係の違背は問題とならない。

　このように，横領罪の本質は，「背信的性格」にあり，委託物横領罪が典型的類型である。これに対して，横領罪の本質を自己の支配内にある他人の財物の領得に求め，偶然に自己の支配内にある財物の横領がむしろ基本的犯罪であり，委託された財物の横領は，その違反性のために重く罰せられるとする見解もある。しかし，これは，刑法典の構成に適合しない。なぜならば，刑法典上，委託物横領罪が基本的な犯罪とされ，業務上横領罪はその委託関係の特殊性に基づく加重類型として規定されているからである。

(2) 単純横領罪（委託物横領罪）

　本罪は，自己の占有する他人の物を横領する罪である (252条1項)。自己の物であっても，公務所から保管を命ぜられたばあいにおいて，これを横領した者も，前項と同様とする (2項)。法定刑は，5年以下の拘禁刑 (252条1項)。

(i) 保護法益

本罪の保護法益は，物に対する所有権その他の本権である。

⒤　**主　体**

本罪の主体は，他人の物の占有者，または公務所から保管を命ぜられた自己の物の占有者に限られるので，本罪は真正身分犯である。

⒲　**客　体**

⒜　**占　有**

「占有」とは，事実上および法律上，物に対する支配力を有する状態をいう。横領罪における占有は，その排他性でなく，「濫用のおそれのある支配力」に重要性があるので，窃盗罪における占有よりも広く，事実的支配の他に法律的支配も含まれる。

⒝　**不動産**

不動産のばあい，未登記不動産は，事実上，管理する者が占有者であるが，登記された不動産の占有者は，登記名義人である。なぜならば，登記名義人は，法律上，その不動産を第3者に対して処分できる地位にあり，不動産に対する法律的支配力を有するからである。

⒞　**預　金**

金銭の占有に関して，他人の金銭を委託されて保管する者が，保管方法として銀行などの金融機関に預金したばあい，受託者が勝手に預金を引き出したときに，当該行為は横領罪を構成する。保管者の占有を否定する見解もあるが，横領罪における占有は，窃盗罪における占有より広いのであるから，預金に対する「法律的支配」が保持されているかぎり，なお占有がみとめられるべきである。

⒟　**売買の目的物**

売買の目的物については，物権の変動は当事者間の意思表示によって生ずる（民176条）ので，特約がないかぎり，売買契約によって目的物の所有権は買主に移転することになる。したがって，通説・判例によると，売主は，売買契約成立後，引渡し（登記）前においては，その動産（不動産）を買主のために保存すべき義務を負うことになり，売主が当該目的物を他に「二重に売り渡したばあい」（二重売買）には，横領罪が成立する（最決昭33・10・8刑集12

巻14号3237頁)。しかし，売買の「意思表示」だけでは足りず，売買代金の授受，登記書類の一括交付などがなされた時に，所有権が移転すると解するのが妥当である。したがって，それより前の処分行為は，横領罪の「不可罰的な未遂」となる。

(e)　金銭などの代替物

金銭その他の代替物については，とくに問題が生ずる。金銭は，封金のように特定物として委託されたばあいには，受託者にとって明らかに他人の物であるから，横領罪の客体となり得る。金銭が不特定物として（一定の金額として）委託されたばあいにつき，判例は，委託の趣旨に従って決定されるべきであると解している。すなわち，一定の金額を寄託するにあたって，その委託の趣旨が金銭の費消を許すばあいと許さないばあいとがあり，前者のばあいにはその金銭を費消しても横領罪にならないが，後者のばあいにはその金銭を費消すれば横領罪となるとしているのである。そして，一定の用途に使用する趣旨で金銭の寄託を受けたばあいに，受託者が委託の趣旨に反した処分をしたとき，委託販売のばあい，特約ないし特殊の事情がないかぎり，委託品の売却代金は委託者に帰属するから，その代金をほしいままに着服または費消したとき（最判昭26・5・25刑集5巻6号1186頁)，雇人が，主人のために売掛代金の取立てをしたばあい，その金銭の所有権は，主人に帰属するから，これをほしいままに自己の用途に費消したとき（大判大11・1・17刑集1巻1頁)に，それぞれ横領罪が成立すると解している。

(f)　共有物

共有物の所有権は，各共有者に属するので，共有者の1人がその占有する共有物をほしいままに処分する行為は，横領罪を構成する。

(iv)　行　為

(a)　横領の意義

本罪の行為は，横領することである。「横領」とは，領得行為説によると，自己の占有する他人の物を不法に領得する意思をもって，その意思を実現するいっさいの行為をいう。判例・通説は，領得行為説をとっている（大判大

6・7・14刑録23輯886頁）。これに対して，越権行為説によると，横領とは，占
有物に対して委託された趣旨に反して，権限を越えて所有権の内容を行使す
る処分行為をいう。越権行為説が妥当であると解される。

　両説の結論は，次のばあいに異なる。すなわち，毀棄の目的で占有物を処
分したばあい，領得行為説によれば横領行為に当たらず，越権行為説によれ
ば横領行為にあたることになる。また，一時使用のばあい，領得行為説によ
ると，不法領得の意思のないいわゆる「使用横領」として横領行為にあたら
ず，越権行為説によると，横領行為としてみとめられる。

(b)　処分行為

　横領罪における処分行為の態様は，法律的処分（売買・質入れ・貸与・贈与・
抵当権設定など）と事実的処分（物の着服・隠匿・拐帯・抑留・返還拒絶など）とに大
別される。

(c)　既遂時期

　判例・通説によると，横領といえるためには，領得の意思を表明する客観
的な処分行為が示されなければならず，その処分行為が示された時点で，横
領は既遂となる。越権行為説の見地からは，越権行為の開始時に実行の着手
がみとめられ，越権行為の終了時に既遂となる。

(3)　業務上横領罪

　本罪は，業務上自己の占有する他人の物を横領する罪である。法定刑は，
10年以下の拘禁刑（253条）。

(i)　主　体

(a)　身分犯

　本罪の主体は，他人の物を業務上，占有する者である。他人の物の「占有」
者が同時に「業務」者であるので，本罪は「二重の意味」において身分犯で
ある。

(b)　業務の意義

　「業務」とは，一般に，人が社会生活上の地位において反復・継続的に従事

する事務をいうが，本罪における業務は，その業務の内容として他人の物を占有保管するものであることを要する。本罪における業務の例として，倉庫業者，クリーニング業，運送業，一時預り業，会社の金を保管する会社員，銀行員，公金保管する公務員などが挙げられる。

(4)　遺失物横領罪（占有離脱物横領罪）

　本罪は，遺失物，漂流物その他占有を離れた他人の物を横領する罪である。法定刑は，1年以下の拘禁刑または10万円以下の罰金もしくは科料(254条)。

(i)　客　体

　本罪の客体は，占有を離れた他人の物である。「占有を離れた他人の物」(占有離脱物）とは，占有者の意思に基づかずにその占有を離れ，かつ人の占有に属していない物をいう。遺失物および漂流物は，その例示である。したがって，誤って他人の占有下に入った物，たとえば，誤って配達された郵便物，逸走した家畜，風で飛んで来た隣家の洗濯物，古墳内に埋蔵されていた宝石，鏡剣などは，占有離脱物である。

(ii)　行　為

　本罪の行為は，「横領」することである。本罪における「横領」とは，占有を離れた他人の物を自己の支配内におくことをいう。始めから越権処分の意思をもって拾得するばあいはもとより，拾得時には処分意思がなく，拾得後これを生じたばあいや偶然の事情で自己の事実的支配内に入った物について，権限を越えた行為があったばあいに，本罪が成立する。

7 背任の罪

(1)　背任罪の意義と本質
(i)　意　義

　背任罪は，刑法典において，第37章「詐欺及び恐喝の罪」の中に規定され

ているが，背任罪が全体財産に対する罪であるのに対して，詐欺・恐喝罪は個別財産に対する罪である点で異なるので，同質のものと解すべきではない。むしろ，委託物横領罪における「信頼関係違反」にこそ横領罪の本質があるので，背任罪もまた任務に背く点，つまり「信頼関係違反」という点で横領罪と共通の性質を有するのである。

(ii) **本 質**

背任罪の本質をめぐって，「権限濫用説」と「背信説」との対立がある。権限濫用説によると，背任罪は法的な代理権を濫用して財産を侵害する犯罪であり，背信説によると，信任関係ないし誠実義務に違反する財産の侵害を内容とする犯罪である。権限濫用説のように，法的代理権の濫用に背任を形式的に限定すると，事実行為としての背任行為を除外せざるを得なくなり，背任行為の多くの部分が不可罰となるので，妥当ではない。背任行為は，第3者に対する関係のほか，本人に対する対内関係においてもみとめられるべきであり，法律行為に限らず事実行為を含むと解する背信説が妥当である。

判例・通説も，背信説の立場に立っている。背信説を基礎としつつ信任関係を無限定なものとしないで，構成要件の解釈において一定の限定を加える見解や背任的権限濫用が背任罪の本質であると解する見解も主張されている。

(2) 背任罪と横領罪との区別

(i) **意 義**

背任罪も横領罪も，ともに「信任関係」を破壊する財産罪として共通性をもっているので，両者をどのように区別するか，が問題となる。とくに，他人のためにその事務を処理する者が，自己の占有する他人の者を不法に処分する行為について，その区別が重要となる。

(ii) **学 説**

両者の区別に関して，学説は次のように分かれる。すなわち，①権限濫用説の見地から，背任罪が権限を濫用しておこなわれる法律行為であるのに対

して，横領罪は特定物または特定の利益を侵害する事実行為であるとする説，②横領罪を領得罪と解する見地から，自己の占有する本人の物を自己のために領得するばあいが横領罪であり，そうでないばあいが背任罪であるとする説，③行為の客体によって両者を区別し，自己の占有する他人の財物に対するばあいが横領罪であり，財物以外の財産上の利益に対するばあいが背任罪であるとする説，④横領罪が委託物に対する権限を逸脱する処分行為を内容とするのに対して，背任罪は物の処分が本人のための事務処理として，行為者の抽象的権限の範囲内でなされたばあいであるとする説が主張される。

(iii)　本書の立場

　④説が両罪の関係を最も適切に把握し，基準も明解であるので，妥当である。この見地からは，横領罪は「権限逸脱」行為を内容とし，背任罪は「権限濫用」行為を内容としていることになる。

(3)　背任罪

　本罪は，他人のためにその事務を処理する者が，自己もしくは第3者の利益を図り，または本人に損害を加える目的で，その任務に背く行為をし，本人に財産上の損害を加える罪である。法定刑は，5年以下の拘禁刑または50万円以下の罰金（247条）。未遂罪を罰する（250条）。

(i)　主　体

　本罪の主体は，他人のためにその事務を処理する者である（真正身分犯）。「他人のためにその事務を処理する」とは，他人の事務をその他人のために処理することを意味する。

　「事務」は，公的か私的か，を問わず，また，継続的か一時的か，も問わない。財産的事務に限るべきかどうか，については，見解の対立がある。この点について，本罪が財産罪であること，本人に財産的損害を加える前提としてなされる行為であることから，財産上の事務に限られると解すべきである。財産的事務は，ある程度包括的な内容のものでなければならない。なぜ

ならば，任務に背いた行為をおこなうという本罪の要件や事務の処理という法文の用語は，単なる個別的な事務を排除していると解すべきであるからにほかならない。

　信任関係は，法令の規定・契約・慣習に基づいて生ずる。法令の規定によるものとして，たとえば，親権者，後見人，破産管財人，会社の取締役などがあり，契約によるものとして委任，雇傭，請負，寄託などにおける信託関係がある。

(ii)　行　為
(a)　意　義

　「任務に背く行為」とは，本人との間の信任関係を破る行為，つまり本人の事務を処理する者として当然おこなうべき法律上の義務に違反した行為をいう。義務に違反した行為かどうかは，信義則に従い，社会生活上の一般通念に照らして判断される。たとえば，銀行の取締役・支配人など金融機関の事務担当者が，回収の見込みがないのに，無担保または十分な担保を得ないで「不良貸付け」をおこなうこと（最決昭38・3・27刑集17巻2号166頁），会社の取締役が，監査役の承認を得ずに，自己の利益のために会社から不法に金銭を借り出すこと（大判大14・6・19刑集4巻422頁），会社の取締役が，配当すべき利益がないのに，いわゆる「蛸配当」をすること（大判昭7・9・12刑集11巻1317頁）などが，任務に背いた行為にあたる。投資や株式の売買のように，事務自体が投機的性格を帯びるいわゆる「冒険的取引き」は，それが取引き上の通念により許される範囲内のものであるかぎり，背任行為にはあたらない。

(b)　二重抵当

　二重抵当は背任罪を構成するか否か，が問題となる。二重抵当とは，所有者（甲）が，自己所有の不動産につきある者（乙）に対して抵当権を設定しておきながら，未だその登記をしていないことを利用して，さらに第3者（丙）に対して抵当権を設定し，これを登記するばあいをいう。判例は，乙との関係で背任罪の成立をみとめている（最判昭31・12・7刑集10巻12号1592頁）。すなわち，抵当権設定者甲は，信頼関係のある乙に対して，その登記完了まで

抵当権者に協力する任務を有するにもかかわらず，その任務に背いて乙に損害を及ぼしたことになるので，乙に対する関係で背任罪が成立するのである。判例の立場は，妥当である。

(c)　財産上の損害

本罪が成立するためには，背任行為の結果，本人に「財産上の損害」が生ずることが必要である。「財産上の損害」とは，財産的価値の減少を意味する。それは，既存財産の減少をもたらす積極的損害だけでなく，得べかりし利益の喪失をもたらす消極的損害をも含む（最決昭58・5・24刑集37巻4号437頁）。「財産」は，全体財産を意味する。一方において損害があっても，他方においてこれに対応する反対給付があるばあい，差引ゼロとなって全体財産に損害はなかったことになる。

財産上の損害の有無は，法的判断ではなく，経済的判断によるべきである。したがって，回収困難な不良貸付け，不当・違法な貸付けは，経済的価値の減少をもたらすので，財産的損害を生じさせたことになる（大判昭13・10・25刑集17巻735頁，前掲最決昭58・5・24）。

(d)　目　的

本罪は目的犯であるから，故意のほかに一定の目的を必要とする。本罪の目的は，①「利得の目的」，または，②「加害の目的」から成る。すなわち，①自己もしくは第3者の利益を図る目的（利得の目的），または，②本人に損害を加える目的（加害の目的）が必要とされるのである。

①の目的でおこなわれた本罪は，利得罪であり，②の目的でおこなわれた本罪は，財産毀損罪である。

8　盗品等に関する罪

⑴　意　義

盗品等に関する罪は，財産犯（本犯）によって奪われた財物に対する被害者の追求・回復を困難にするものである。「本犯」の存在を前提とする点において，幇助犯的性格をもっており，また，犯人庇護罪的性格ももっている。刑

法は，盗品その他財産に対する罪にあたる行為によって領得された物の「無償の譲受け」,「運搬」,「保管」,「有償の譲受け」および「有償の処分のあっせん」の各行為を処罰している（256条）。

　盗品等に関する罪の本質に関して，本犯の被害者である所有者の盗品等に対する追求を困難にする犯罪であると解すべきである（追求権説）。

(2)　盗品等無償譲受け罪，盗品等運搬・盗品等保管・盗品等有償譲受け・盗品等有償処分あっせん罪

　本罪は，次の①および②から成る。①盗品その他財産に対する罪にあたる行為によって領得された物を無償で譲り受ける罪。法定刑は，3年以下の拘禁刑（256条1項）。②盗品その他財産に対する罪にあたる行為によって領得された物を運搬し，保管し，もしくは有償で譲り受け，またはその有償の処分をあっせんする罪。法定刑は，10年以下の拘禁刑および50万円以下の罰金（同条2項）。

(i)　主　体

　「盗品等無償譲受け罪」（1項）および「盗品等運搬・保管・有償譲受け・有償処分あっせん罪」（2項）の主体は，「本犯の正犯者」以外の者に限られる。本犯者が，その犯罪によって取得した財物を処分する行為は，不可罰的事後行為（共罰的事後行為）となる。しかし，本犯の教唆者・幇助者は，盗品等に関する罪の主体となり得る（最判昭24・7・30刑集3巻8号1418頁）。

(ii)　客　体

　本罪の客体は，財産犯にあたる行為によって取得された財物で，被害者が法律上の追求権を有する物（盗品等）をいう。

　本犯の犯罪行為は，構成要件に該当する違法なものであれば足り，有責的なものである必要はない（判例・通説）。したがって，本犯者が責任無能力者であるために，本犯が成立しないばあいでも，本罪の客体であることは肯定され得る。

(iii)　行　為

(a)　行為類型

本罪の行為は，盗品等無償譲受け罪においては，無償の譲受けであり，盗品等運搬・保管・有償譲受け・有償処分あっせん罪については，運搬・保管・有償譲受け・有償処分あっせんである。

(b)　意　義

「無償譲受け」とは，盗品等を無償で取得することをいう。贈与を受けるばあいがその典型例であるが，無利息消費貸借に基づいて交付を受けるばあいも含まれる。「運搬」とは，委託を受けて，盗品等を場所的に移転させることをいう。場所的移転は，被害者の盗品等に対する追求・回復に影響を及ぼす程度のものでなければならない。有償・無償を問わない。「保管」とは，委託を受けて，本犯者のために盗品等を保管することをいう。有償・無償を問わない。寄託を受けるばあいがその典型例であるが，貸金の担保としての受領なども含まれる。盗品等の保管契約の成立だけでは足りず，盗品等の引渡しを受けたことが必要である。「有償譲受け」とは，盗品等を有償で取得することをいう。たとえば，売買・交換，債務の弁済が，これにあたる。「有償処分あっせん」とは，盗品等について有償の法律上の処分（たとえば，売買，交換，質入れなど）を媒介・周旋することをいう。有償・無償を問わず，直接，買主らに対しておこなわれるばあいでもよいし，間接に他人を介しておこなわれるばあいでもよいのである。

(c)　盗品等性の認識

以上の盗品等に関する罪の各罪について，盗品等であることの認識（知情）が必要であるが，それは未必的認識で足りる。

(3)　親族間の犯罪についての特例

配偶者との間，または直系血族，同居の親族もしくはこれらの者との間で盗品等に関する罪を犯した者は，その刑を免除する（257条1項）。前項の規定は，親族でない共犯については，適用しない（同条2項）。

(i)　法的性格

　盗品等に関する罪についても，親族間の犯罪についての特例がみとめられているが，その規定形式は，詐欺罪・恐喝罪などとは異なって，親族相盗例を準用しないで（251 条参照），直接，本条を別に規定しているのである。その理由は，盗品等に関する罪は，親族相盗例が適用される犯罪とは性質を異にしていることに求められる。

(ii)　身分関係

　本条に規定されている身分関係は，「盗品等に関する罪の犯人」と「本犯者」との間に存在しなければならない（最決昭 38・11・8 刑集 17 巻 11 号 2357 頁）。これに対して，盗品等に関する罪の犯人と本犯の被害者との間の関係と解する説もあり，これはこの規定を 244 条の親族相盗例に関する規定と同質のものと解する立場である。しかし，本条は，盗品等に関する罪の次の「社会学的特質」に基づく特例なのである。すなわち，一定の親族関係にある者が，本犯者の利益に関与したり，本犯者を庇護しまたは本犯者の利得を助長しようとして，その盗品等の利用・処分に関与したりすることは，頻繁に生ずる現象といえるのである。

(iii)　刑の免除の性格

　法的効果としての刑の免除は，「人的処罰阻却事由」と解すべきである。これに対して，可罰的違法性が欠けるとする説や期待可能性の不存在によって責任が阻却されるとする説も主張されるが，親族間で犯されたばあいであっても，やはり犯罪の成立はみとめられるべきである。

⑨ 毀棄及び隠匿の罪

⑴　意　義

　毀棄及び隠匿の罪は，財物に対する毀棄行為および隠匿行為を内容とする犯罪類型である。刑法は，「公用文書毀棄罪」（258 条），「私用文書毀棄罪」（259

条),「建造物等損壊及び同致傷罪」(260条),「器物損壊等罪」(261条),「境界
毀損罪」(262条の2) および「信書隠匿罪」(263条) を規定している。

　毀棄罪は, 財物毀損罪の典型であり, 他の財産犯と異なって, 財物の取得
や利益の取得はなく, 財物そのものを毀滅する点に特徴がある。

(2)　公用文書等毀棄罪

　本罪は, 公務所の用に供する文書または電磁的記録を毀棄する罪である。
法定刑は, 3月以上7年以下の拘禁刑。

(i)　保護法益

　本罪の保護法益は, 公用文書および公用電磁的記録の安全である。これは,
単なる財産犯としての性格だけでなく, 公務妨害罪としての性格を併せもっ
ている。

(ii)　客　体

　「公務所の用に供する」とは, 現に公務所で使用中であるもののほか, 公務
所において使用の目的で保管しているものをも含む。公文書・私文書のいず
れでもかまわない。作成された目的は, 公務所のためであると私人のためで
あるとを問わない。未完成文書が本罪の客体となり得る段階について, 判例
は,「当該公務員が公務所の作用として職務権限に基づいて作成中の文書は,
それが文書としての意味・内容を備えるに至った」ときとする (最判昭52・7・
14刑集31巻4号713頁)。しかし,「文書」偽造罪との統一的理解という観点か
らは, 本罪の客体は完成文書に限るべきであると解するのが妥当である。

　「電磁的記録」とは, 電子的, 磁気的など, 人の知覚によっては認識するこ
とができない方式で作られた記録であって, 電子計算機による情報処理の用
に供されるものをいう。

(iii)　行　為

　本罪の行為は, 公用の文書または電磁的記録を毀棄することである。「毀

棄」とは，文書または電磁的記録の本来の効用を毀損するいっさいの行為をいう。物質的に毀損するばあいだけでなく，内容の一部またはその署名・捺印を抹消するばあい（大判大 11・1・27 刑集 1 巻 16 頁参照）や公務所の占有を奪わずに隠匿して，その使用を妨げるばあいなども含まれる。

(3)　私用文書等毀棄罪

本罪は，権利または義務に関する他人の文書または電磁的記録を毀棄する罪である。法定刑は，5 年以下の拘禁刑（259 条）。

(i)　客　体

本罪の客体は，権利または義務に関する他人の文書または電磁的記録である。「権利または義務に関する」とは，権利または義務の存否，得喪，変更などを証明できることをいう。

(ii)　行　為

本罪の行為は，所定の文書または電磁的記録の「毀棄」である。毀棄は，必ずしも有形的に毀損することを要せず，隠匿その他の方法によって，その文書または電磁的記録を利用し得ない状態におくことで足り，その利用を妨げた期間が一時的であると永続的であるとを問わず，また，犯人に後日，返還の意思があったと否とを問わない。たとえば，他人に属する自己名義の文書の日付けを改変する行為，文書の内容を変更しないで，文書の連署者中 1 名の署名を抹消し，他の者の署名を新たに加える行為は，文書の毀棄にあたる。

(4)　建造物等損壊罪・建造物等損壊致死傷罪

本罪は，他人の建造物または艦船を損壊する罪である。法定刑は，5 年以下の拘禁刑（260 条前段）。よって人を死傷させた者は，傷害の罪と比較して，重い刑により処断する（260 条後段）。

⒤　客　体

「建造物」とは，家屋その他これに類似する建築物であって，屋蓋を有し，墻壁または柱材によって支持され，土地に定着し，少なくてもその内部に人が出入りできるものをいう（大判大3・6・20刑録20輯1300頁）。「艦船」とは，軍艦および船舶をいう。

⒥　行　為

本罪の行為は，「損壊」である。損壊とは，建造物・艦船の実質を毀損すること，またはその他の方法によって，それらのものの使用価値を減却もしくは減損することをいう。物質的な毀滅ばかりでなく，事実上，その本来の用法に従って使用できない状態に至らせるばあいをも含む。必ずしもその損壊によって建造物・艦船の用法を不能にすることは必要ではないし，また，損壊部分が主要な構成部分であることも必要ではない。

労働争議に際して，ビラを庁舎の壁や窓ガラス一面に数枚ないし数百枚を密接集中させ，3回にわたり糊付け，貼付させて，その建造物の効用を減損したばあいは，建造物の損壊であり（最決昭41・6・10刑集20巻5号374頁），汽船の一部を構成する操舵機のオームホイル，主機関のパイロットレバー，燃料ポンプ調整レバーなどを取り除き，発航不能にしたばあいは，艦船の損壊である（大判昭8・11・8刑集12巻1931頁）。

⒦　結果的加重犯

建造物等損壊致死傷罪は，他人の建造物・艦船を損壊し，よって人を死傷させたばあいに成立するものであり，建造物等損壊罪の結果的加重犯である。死傷の結果が生ずる人は，建造物・艦船の中にいたかどうか，を問わない。

⑸　器物損壊罪

本罪は，258条，259条および260条に規定するもののほか，他人の物を損害し，または傷害する罪である。法定刑は，3年以下の拘禁刑または30万円

以下の罰金もしくは科料（261条）。

(i) 客 体

本罪の器物損壊罪の客体は，公用文書等毀棄罪，私用文書等毀棄罪および建造物等損壊罪の客体にあたるもの以外の物である。

「物」とは，財物をいい，種類，性質のいかんを問わない。要するに，およそ財産権の目的となり得るものであればよいのである。動物も含まれる。

(ii) 行 為

(a) 損壊の意義

本罪の行為は，「損壊または傷害」である。「損壊」とは，物質的に物の全部または一部を害し，または物の本来の効用を失わせる行為をいう。すなわち，物質的に器物の形体を変更または減尽させる行為のほか，広く物の本来の効用を失わせる行為を含むのである。たとえば，学校の校庭にアパート建築現場と墨書した立札を立て，幅6間長さ20間の範囲で2個所にわたって地中に杭を打ち込み，板付けをして保健体育の授業その他に支障を生じさせる行為などは，損壊にあたる（最決昭35・12・27刑集14巻14号2229頁）。

事実上，もしくは感情上，その物を再び本来の目的の用に供することができない状態に至らせるばあいも損壊に含まれるので，営業上，来客の飲食用に供するすき焼鍋および徳利に放尿する行為（大判明42・4・16刑録15輯452頁），貸座敷業者の座敷の床の間に掛けてあった鯛と海老を画いた掛け物に，不吉と墨で大書する行為（大判大10・3・7刑録27輯158頁）なども，損壊にあたるのである。

(b) 傷害の意義

「傷害」とは，動物を毀棄することをいう。殺害も含まれる。物理的に殺傷するばあいだけでなく，動物としての本来の効用を失わせるばあいも含まれるので，養魚池の水門の板および鉄製の格子戸を外して飼養中の鯉約2000匹を流失させる行為も，傷害にあたる（大判明44・2・27刑録17輯197頁）。

(6)　境界毀損罪

本罪は，境界標を損壊し，移動し，もしくは除去し，またはその他の方法により，土地の境界を認識することができないようにする罪である。法定刑は，5年以下の拘禁刑または50万円以下の罰金 (262条の2)。

(i)　意　義

本罪の客体は，「土地の境界」である。土地の境界とは，権利者を異にする土地の限界線をいう。権利は，所有権ばかりでなく，地上権，永小作権，抵当権などの物権でも，賃借権などの債権でもかまわない。

(ii)　行　為

本罪の行為は，境界標を損壊，移動もしくは除去し，またはその他の方法で土地の境界を認識することができなくすることである。「境界標」とは，権利者を異にする土地の境界を示すために，土地に設置された標識をいう。柱，杭，塀，棚などの工作物のほか，立木などの自然物でもかまわない。自己の所有に属するものであると，他人の所有に属するものであるとを問わない。

「その他の方法」とは，土地の境界を認識できなくする方法として例示されている境界標の損壊，移動，除去に準ずるものでなければならない。

「境界を認識することができないようにする」とは，既存の事実上の境界が不明確にされることをいう。

(7)　信書隠匿罪

本罪は，他人の信書を隠匿する罪である。法定刑は，6月以下の拘禁刑または10万円以下の罰金もしくは科料 (263条)

(i)　客　体

本罪の客体は，他人の信書である。「信書」とは，特定人から特定人に宛てた文書をいう。封緘されていることを必要としないので，封書のほかに葉書なども含まれる。

(ii) **行 為**

本罪の行為は，「隠匿」である。隠匿とは，信書の発見を妨げることをいう。文書の本来の効用を失わせる行為は，文書の毀棄・損壊であるから，信書の発見を不可能または著しく困難にしてその効用を失わせる行為は，文書の毀棄・損壊にほかならない。したがって，隠匿は，その程度に至らない比較的軽微なものに限られることになる。

信書を破棄する行為が文書毀棄罪を構成しないばあい，隠匿は毀棄の一態様であるが，信書の財産的価値が低いことを考慮して本罪が規定されるので，器物損壊罪の特別罪である本罪が成立する。これに対して，信書であることによって，他の器物よりも一様に財産的価値が低いとみることは失当であるとして，器物損壊罪にあたると解する見解もある。

(8) **親告罪**

259条，261条および263条の罪は，告訴がなければ公訴を提起することができない（264条）。

私用文書毀棄罪，器物損壊等罪および信用隠匿罪は，親告罪である。告訴権者は，信書の所有権者である。

第4章　社会的法益に対する罪

　社会的法益に対する罪とは，国家とは別個に存在し得る社会自体の法益を対象とする犯罪類型であり，刑法的に保護される社会的・文化的価値の侵害を内容とする。社会的法益として，刑法が保護しているのは，「公共の平穏」，「公共の信用」，「公衆の健康」および「風俗」である。

①　公共の平穏に対する罪

　公共の平穏とは，社会生活が安全に営まれている状態および社会の構成員一般の安全感を意味する。刑法は，公共の平穏に対する罪として，「騒乱の罪」（第2編8章），「放火及び失火の罪」（同9章），「出水及び水利に関する罪」（同10章），「往来妨害の罪」（同11章）を規定している。これらのうち，騒乱の罪を除く放火罪・出水罪・往来妨害罪は，不特定または多数人の生命，身体または重要な財産に危険をもたらすものであるから，「公共危険罪」とよばれる。

(1)　騒乱の罪

　騒乱の罪は，集団犯（多衆犯）であり，「騒乱罪」（106条）と「多衆不解散罪」（107条）とから成る。

　騒乱の罪は，多衆の集合を要素としているので，集会・団体行動の自由を保障する憲法21条ときわめて密接な関連を有する。騒乱事件は，不安定な社会情勢のもとで発生しやすいものであり，本罪の規定は，非常にあいまいな形になっているので，政治の欠陥に対する大衆の集団的抗議行動を抑圧するための道具として利用される危険性が高いといえる。そこで，騒乱の罪の解釈・適用にあたっては，慎重さが要求される。

(i)　騒乱罪

本罪は，多衆で集合して暴行または脅迫する罪である。法定刑は，次の区分による。①主謀者は，1年以上10年以下の拘禁刑，②他人を指揮し，または他人に率先して勢を助けた者は，6月以上7年以下の拘禁刑，③付和随行した者は，10万円以下の罰金（106条）。

(a)　主　体

本罪の主体は，集合した多衆である。「多衆」とは，多数人の集団をいい，少なくても一地方の公共の平穏（静謐）を害するに足りる程度の暴行・脅迫をするのに適する多数人を意味する（大判大2・10・3刑録19輯910頁）。何人集まれば多衆といえるかは，機械的には判定できず，組織・訓練・武装などの程度による。

「集合する」とは，多数人が時と所を同じくすることをいうが，内乱罪におけるような組織を要せず，単なる烏合の衆であってもかまわない。

(b)　行　為

本罪の行為は，暴行または脅迫である。それは，一地方における公共の平穏を害するに足りる程度のものであることが必要であるが，現実に公共の平穏が害されたことは必要ではない。暴行・脅迫は，いずれも「最広義のもの」を意味し，暴行は，人または物に向けられたすべての不法な有形力の行使である。

「『一地方』にあたるか否か」は，たんに暴行・脅迫がおこなわれた地域の広狭や居住者の多寡などの静的・固定的要素だけでなく，その地域の社会生活上の重要性や同所を利用する一般市民の動き，同所を職域として勤務する者らの活動状況などの動的・機能的要素，および，当該騒動の様相がその周辺地域の人心に不安，動揺を与えるに足りる程度のものであったか否か，をも総合して判断すべきである（最決昭59・12・21刑集38巻12号3071頁）。

本罪の暴行・脅迫は，集合した多衆の共同意思に出たものであることを要する。これは，多衆を構成する個々人の意思を超えた，集団としての多衆についてみとめられるべき全体的意思であって（最判昭35・12・8刑集14巻13号1818頁），このような「共同意思」によらない暴行・脅迫は，多衆中の一部の

者によっておこなわれても，本罪の暴行・脅迫にはあたらないのである。

判例によると，共同意思は，①「多衆の合同力を恃んで自ら暴行・脅迫を
なす意思ないしは多衆をしてこれをなさしめる意思」と，②「かかる群集の
暴行・脅迫に同意を表し，その合同力に加わる意思」とに分かれ，「多衆が前
者の意思を有する者と後者の意思を有する者とで構成されているときは，多
衆の共同意思があるものとなる」とされる。

刑法は，群集犯罪の特質を考慮して，①首謀者，②指揮者・率先助勢者，
③付和随行者と，関与者を分け，それぞれの演じた役割に応じて，刑に軽重
の差を設けている。

(ii) 多衆不解散罪

本罪は，暴行または脅迫をするため多衆が集合したばあいにおいて，権限
のある公務員から解散の命令を3回以上受けたにもかかわらず，なお解散し
ない罪である。法定刑は，主謀者は，3年以下の拘禁刑，その他の者は，10
万円以下の罰金（107条）。

(a) 目 的

本罪は目的犯であり，暴行・脅迫をおこなうため多衆が集合することが必
要である。目的は，集合の当初から存在する必要はなく，集合後に生じても
かまわない。

(b) 行 為

解散しないという「不作為」が構成要件的行為となっているので，本罪は
「真正不作為犯」である。「3回以上」と規定されており，3回で既遂に達す
る。3回の命令は，それぞれ独立していて，解散に必要な時間的間隔をおい
てなされなければならない。「解散」とは，多衆が時および場所を同じくする
状態を解消することをいう。

(c) 刑の軽重

本罪においても集団犯罪の特質に基づいて，首謀者とその他の者とを区別
して，刑に軽重の差を設けている。

⑵　**放火及び失火の罪**

⒤　**意　義**

⒜　**罪　質**

（α）　**公共の危険**　放火及び失火の罪は，火力によって建造物その他の物を焼損して「公共の危険」を生じさせる「公共危険罪」である。「公共の危険」とは，不特定または多数人の生命・身体・財産に対する危険である（最決平15・4・14刑集57巻4号445頁）。すなわち，特定していても多数の人や物に対して侵害を及ぼすおそれがある状態を生じさせれば，公共の危険があるといえるし，少数の人に対するばあいであっても，不特定の者に対する危険があれば，危険は一般的であるといえるのである。

（β）　**財産的性格**　放火・失火の罪は，公共危険罪であると同時に，「財産犯的性格」をも併せもっている。すなわち，火災が建造物その他の財産を損壊する点は，財産犯としての性質を示すものである。非現住建造物などについて，目的物が自己の所有に属するか否か，によって処罰に差を設けているのは，その表われにほかならない。このように，刑法は，第1次的に公共の危険を考え，個人財産の侵害の点を第2次的に考えているわけである。

（γ）　**具体的危険犯と抽象的危険犯**　放火罪のうち，109条2項，110条，116条1項，117条の各罪は，構成要件上，具体的な公共の危険の発生を要求しており，これらは「具体的危険犯」と解されている。しかし，これら以外の罪（108条・109条1項など）にあっては，公共の危険の発生は要求されておらず，これらは「抽象的危険犯」と解されているのである。すなわち，客体の焼損があれば，公共の危険が発生したものと擬制されていると解される。

⒝　**行　為**

本罪の行為は，放火である。放火とは，客体の焼損に原因力を与える行為をいい，作為・不作為のいかんを問わない。

不作為による放火は，容易に消し止めることができる既発の火力をそのまま放置して目的物の燃焼を引き起こすことを意味する。大審院の判例は，法律上の消火義務，消火の可能性と容易性，既発の火力を利用する意思を不作為による放火の要件としてあげていたが，最高裁の判例は，前2者の要件を

満たすときには既発の火力を利用する意思までは必要でなく，火災に至るべきことを認容すれば足りるとしている（最判昭 33・9・9 刑集 12 巻 13 号 2882 頁）。

(c)　実行の着手

実行の着手は，目的物に伝火できることが物理的に明白な状態で放火用材料に点火した時や自然に発火し導火材料を経て目的物に火力を及ぼすべき装置を設けた時などにおいて，みとめられる。

(d)　「焼損」概念

放火罪・失火罪は，目的物の「焼損」によって既遂に達するが，「焼損の概念」をめぐって，見解が次のように分かれている。すなわち，①火が媒介物である燃料を離れて目的物に燃え移り独立して燃焼できる状態に達した時とする「独立燃焼説」，②火力のため目的物の重要な部分が焼失しその効用が失われた時とする「効用喪失説」，③目的物の重要部分が燃え上がった時とする「重要部分燃焼開始説」および④火力により目的物が毀棄罪における損壊の程度に達した時とする「一部損壊説」が主張されている。

判例は一貫して①独立燃焼説をとっている（大判大 7・3・15 刑録 24 輯 219 頁，最判昭 23・11・2 刑集 2 巻 12 号 1443 頁）。これは，放火罪の公共危険罪としての面を重視する立場である。①独立燃焼説の立場に立つと，わが国における建造物の多くは木造であるから，放火の未遂をみとめる余地がほとんどなくなってしまうし，放火罪の公共危険罪の側面だけを強調して財産罪の側面が軽視されることになる。そこで，通説は，効用喪失説の立場に立って，財産犯罪としての側面を重視している。ところが，これに対しても次のような批判がある。すなわち，火力による公共の危険は，目的物の効用喪失に至らない段階でみとめられ得るので，放火罪の公共危険罪的性格を軽視しすぎており，さらに，財産罪的側面の重視は，放火罪の成立に過大の要求をする結果，その成立範囲を不当に狭めてしまい，実質的に妥当でないと批判されているのである。

①独立燃焼説と②効用喪失説の欠陥を克服しようとして③重要部分燃焼開始説および④一部損壊説が「折衷説」として有力に主張されるに至っている。④説が妥当であると解される。しかし，これらに対しても，次のような批判

が加えられている。すなわち, ③説に対しては, 物の重要な部分の燃焼開始
の意味が必ずしも明らかでないし, また,「燃え上った」といえる時期の判定
には困難が伴うとの批判がある。④説に対しては, 毀棄の概念に争点を移し
てしまい, 毀棄の理解のいかんによって, 結局, 独立燃焼説か効用喪失説の
いずれかに帰することになるばかりか, 焼損の程度によって公共の危険の発
生の有無を決するのは不当であるとの批判がある。

　(e)　**公共危険の発生の認識**

　公共の危険の発生の認識の要否は, 具体的公共危険罪 (109条2項・110条な
ど) のばあいと, 抽象的公共危険罪 (108条・109条1項など) のばあいとで, 結
論が異なる。すなわち, 具体的公共危険罪のばあいには, 公共の危険の発生
の認識を必要とするが, 抽象的公共危険罪のばあいには, 危険の発生が擬制
されているので, 危険発生の認識は必要とされない。

　判例は, 110条1項について, 公共の危険を発生させる認識を不要と解し
ている (大判昭6・7・2刑集10巻303頁, 最判昭60・3・28刑集39巻2号75頁)。し
かし, 公共の危険発生の認識は必要とされるべきである。なぜならば, 具体
的公共危険罪のばあい, 公共の危険は構成要件要素であるので, その認識が
必要であるからである。

　(f)　**罪　　数**

　放火罪の第1次的法益である公共の安全が, 罪数を判断する際の主たる基
準となる。したがって, 1個の放火行為で数個の現在建造物を焼損したばあ
いは, 1個の公共的法益を侵害したにすぎないので, 1個の放火罪が成立し,
1個の放火行為で現住建造物と非現住建造物とを焼損したばあいも, 108条の
包括的一罪が成立する。

　(ii)　**現住建造物等放火罪**

　本罪の客体は, 放火して, 現に人が住居に使用し, または現に人がいる建
造物, 汽車, 電車, 艦船または鉱坑を焼損する罪である。法定刑は, 死刑ま
たは無期もしくは5年以上の拘禁刑 (108条)。未遂罪を罰する (112条)。

　「人」とは, 犯人以外の者をいい, 犯人の家族も「人」である (大判昭9・9・

29 刑集 13 巻 1245 頁）。「現に人の住居に使用する」とは，犯人以外の者が起臥
寝食をする場所として日常使用していることをいい，「人の現在する」とは，
放火の時点で，犯人以外の者がそこに居ることをいう。人の住居に使用され
ていれば人の現在性を要せず，人が現在していれば人の住居に使用されてい
ることを必要としない。建造物の一部が住居に使用されていれば，その全体
が本罪の客体となる。

　「建造物」とは，家屋その他これに類似する建築物であって，屋蓋を有し，
墻壁または柱材によって支持され，土地に定着し，少なくてもその内部に人
が出入できるものをいう。「汽車」とは，蒸気機関車によって列車を牽引して
軌道上を走行する交通機関をいい，「電車」とは，電力によって軌道上を走行
する交通機関をいう。ガソリンカー（大判昭 15・8・22 刑集 19 巻 540 頁）やディー
ゼルカーは汽車に含まれる。「艦船」とは，軍艦および船舶をいい，「鉱坑」
とは，鉱物を採取するために掘られた地下設備をいう。

(iii)　非現住建造物等放火罪

　本罪は，放火して，現に人が住居に使用せず，かつ，現に人がいない建造
物，艦船または鉱坑を焼損する罪である。法定刑は，2 年以上の有期拘禁刑
（109 条 1 項）。1 項の物が自己の所有に係るときは，6 月以上 7 年以下の拘禁
刑。ただし，公共の危険を生じなかったときは，罰しない（同条 2 項）。1 項の
罪は，未遂罪を罰する（112 条）。

(a)　客　体

　「人が住居に使用せず」とは，犯人以外の者が住居に使用していないことを
いい，空屋・物置小屋・納屋・倉庫などが，これにあたる。「現に人がいな
い」とは，犯人以外の者が現在しないことをいう（大判昭 7・5・5 刑集 11 巻 595
頁）。

　上記の客体が自己の所有に係るばあいには，「公共の危険」の発生があった
ときに処罰され，法定刑も軽減されている（109 条 2 項）。「自己の所有に係る」
とは，犯人の所有に属することをいう。

(b)　行　為

本罪の行為は，放火して前記の客体を焼損することである。1項の罪は抽象的公共危険罪であるが，2項の罪は具体的公共危険罪であるので，「公共の危険」の発生が必要である。

2項の罪については，公共の危険の発生の認識が必要である。

(iv)　建造物等以外放火罪

本罪は，前2条に記載した以外の物を焼損し，よって公共の危険を生じさせる罪である。法定刑は，1年以上10年以下の拘禁刑（110条1項）。1項の物が自己の所有に係るときは，法定刑は，1年以下の拘禁刑または10万円以下の罰金（同条2項）。115条の特例が適用される。

(a)　客　体

「前2条に記載した以外の物」としては，たとえば，人の現在しない汽車・電車・自動車，航空機，建造物にあたらない門・塀，畳，建具などがある。

(b)　公共の危険

本罪は，具体的公共危険犯であるので，「公共の危険」の発生が構成要件要素となり，したがって，故意が成立するためには公共の危険の発生認識を必要とする。しかし，判例はこれを不要と解している。

(v)　延焼罪

本罪は，次の2つから成る。すなわち，①109条2項または110条2項の罪を犯し，よって108条または109条1項に記載した物に延焼させる罪である。法定刑は，3月以上10年以下の拘禁刑（111条1項）。②110条2項の罪を犯し，よって110条1項に記載した物に延焼させる罪である。法定刑は，3年以下の拘禁刑（同条2項）。

本罪は，自己所有物に対する放火罪の結果的加重犯であるから，延焼の結果について認識・認容のないことが必要である。結果についての認識・認容があるばあいには，それぞれ108条，109条1項，110条1項の罪が成立することになる。本条1項のばあいも，具体的な公共の危険の発生が必要である。

(a) 客 体

放火の客体は，自己の所有に係る非現住建造物等（109条2項），または自己の所有に係る現住建造物および非現住建造物等以外の物（110条2項）であり，延焼の客体は，現住建造物等（108条）または非現住建造物（109条1項）である。

(b) 行 為

「延焼」とは，行為者の予期しなかった客体に焼損の結果が生ずることをいう。

(vi) 放火予備罪

本罪は，108条または109条1項の罪を犯す目的で，その予備をする罪である。法定刑は，2年以下の拘禁刑。ただし，情状により，その刑を免除することができる（113条）。

本罪は，現住建造物等放火罪および非現住建造物等放火罪の公共危険罪としての重大性を考慮して，その予備をも処罰するものである。「予備」とは，放火材料を準備したり，放火道具をもって目的物に赴く行為などを意味する。

(vii) 消火妨害罪

本罪は，火災の際に，消火用の物を隠匿し，もしくは損壊し，またはその他の方法により，消火を妨害する罪である。法定刑は，1年以上10年以下の拘禁刑（114条）。

(a) 行為状況

「火災の際に」は，現に火災があるばあいだけでなく，まさに火災になろうとしているばあいを含む。火災は，社会通念上，火災と見られる程度のものであることを要し，火災の原因のいかんを問わないので，放火・失火によるばあいはもとより，偶然の事情によるばあいであってもかまわない。

(b) 行 為

「消火を妨害する」とは，消火活動を妨げ，または困難にすることをいい，作為・不作為を問わず，その方法を問わない。「消火用の物の隠匿・損壊」は

例示であり，たとえば，消火活動中の者に暴行・脅迫を加えることなども，これにあたる。不作為犯がみとめられるためには，消火についての法律上の作為義務を負う者（たとえば，住居者，警備員，消防職員など）がその義務を怠るばあいであり，かつ，その義務違反が放火罪における作為義務違反とみとめられる程度に達していないものである必要がある。

(viii) 失火罪

本罪は，次の2つから成る。①失火により，108条に規定する物または他人の所有に係る109条に規定する物を焼損する罪である。法定刑は，50万円以下の罰金（116条1項）。②失火により，109条に規定する物であって自己の所有に係る物または110条に規定する物を焼損し，よって公共の危険を生じさせる罪である。法定刑は，50万円以下の罰金（同条2項）。

「失火により」とは，過失により出火させることをいい，作為・不作為のいずれであってもかまわない。過失は，不注意によって結果の発生についての予見・認識を欠くことである。2項の罪については，放火行為については認識したが公共の危険の発生を予見・認容しなかったばあいも含まれるが，公共の危険の発生を予見する可能性が要求される。

(ix) 業務上失火罪・重失火罪

本罪は，116条の行為が，業務上必要な注意を怠ったことによるとき，または重大な過失によるときの罪である。法定刑は，3年以下の拘禁刑または150万円以下の罰金（117条の2）。

(a) 性 質

本条は，前条の一般失火罪に対して，特別失火罪とよばれる。

(b) 主 体

本罪の主体は，業務者である。「業務」は，通常，社会生活上の地位に基づいて反覆・継続しておこなう仕事であって職務であると否とを問わないが，本罪における「業務」は，職務としてつねに火気の安全に配慮すべき社会生活上の地位を指すものと解すべきである。たとえば，調理士・ボイラーマン

のように出火の危険を伴う業務（最決昭42・10・12刑集21巻8号1083頁），夜警
員のように出火の防止を主な業務内容とする業務（最判昭33・7・25刑集12巻12
号2746頁），劇場・ホテルの支配人のように公衆のため出火防止の義務を負担
すべき業務などが，これにあたる。

(c)　**重大な過失**

「重大な過失」とは，注意義務違反の程度が著しいことをいい，本罪におい
ては，一般的に失火の可能性が相当高い事態のもとで注意義務に違反したば
あいを意味する。すなわち，行為者がほんの少しの注意を払えば結果の発生
を避けることができたばあいが，これにあたり，たとえば，行為者が盛夏晴
天の日にガソリン罐から40〜50センチのところでライターを点火したばあ
いには，重大な過失がみとめられる（最判昭23・6・8裁判集2巻329頁）。

(x)　**激発物破裂罪**

本罪は，次の2つから成る。①火薬，ボイラーその他の激発すべき物を破
裂させて，108条に規定する物または他人の所有に係る109条に規定する物
を損壊する罪である。法定刑は，放火罪のばあいと同じ（117条1項前段）。②
109条に規定するものであって自己の所有に係る物または110条に規定する
物を損壊し，よって公共の危険を生じさせる罪である。法定刑は放火のばあ
いと同じ（同項後段）。

(a)　**罪　質**

激発物を破裂させる行為は，厳密には放火ではないが，それによって生ず
る公共の危険が放火罪に類似しているので，本章に併せて規定されたのであ
る。後段の罪は，具体的公共危険罪である。

(b)　**激発すべき物**

「激発すべき物」とは，急激に破裂して物を破壊する力をもつ物をいい，火
薬，ボイラーは，その例示である。爆発物取締罰則にいう爆発物も，激発す
べき物の一種であるが，爆発物を使用して財物を損壊したばあい，判例は，
本罪と爆発物使用罪（爆発1条）との観念的競合と解している（大判大11・3・
31刑集1巻186頁）。これに対して爆発物使用罪を本罪の特別罪と解して，同罪

のみの成立をみとめるべきとする説もある。

(c) 処 罰

本罪の処罰は，客体に応じてそれぞれの法定刑で処断される。

(d) 過失犯

117条1項の行為が過失によるときは，失火の例による（117条2項）。本罪は，激発物破裂罪の過失犯である。「失火の例による」とは，116条の規定に従って処罰することを意味する。

⒳ ガス漏出等罪及び同致死傷罪

本罪は，ガス，電気または蒸気を漏出させ，流出させ，または遮断し，よって人の生命，身体または財産に危険を生じさせる罪である。法定刑は，3年以下の拘禁刑または10万円以下の罰金（118条1項）。よって人を死傷させた者は，傷害の罪と比較して，重い刑による（同条2項）。

(a) 罪 質

ガス漏出罪は，熱気を含むものによる一種の公共危険罪として，放火の罪の章に規定されたものである。

(b) 危 険

本罪の「人」は，行為者以外の者をいい，特定の人であってもかまわない。したがって，「危険」は公共的危険に限らず，特定人または特定の物に対する危険で足りることになる。しかし，それは，具体的に発生したことを要する。危険を生じさせれば本罪は既遂に達し，現実に損害を生じたことは必要でない。

(c) 故 意

危険の発生は構成要件要素であるから，故意の成立にとってその表象・認容が必要である。

(d) 結果的加重犯

ガス漏出致死傷罪は，1項の罪の結果的加重犯である。

(3)　出水及び水利に関する罪

(i)　罪　質

　出水及び水利に関する罪は，①「出水罪」および②「水利妨害罪」からなる。出水罪は，水の破壊力を利用する点において，火力を利用する放火罪と異なるにすぎないので，「公共危険罪」と「財産犯」の性格を有する。これに対して，水利妨害罪は，水利権の侵害を内容とするので，公共危険罪ではないが，しかし，水利妨害行為は，出水の危検を生じさせるばあいが多いばかりでなく，犯行の手段が出水罪と共通する部分があるため，本章に規定されているのである。

(ii)　現住建造物等浸害罪

　本罪は，出水させて，現に人が住居に使用し，または現に人がいる建造物，汽車，電車または鉱坑を浸害する罪である。法定刑は，死刑または無期もしくは3年以上の拘禁刑（119条）。

(a)　客　体

　本罪の客体は，艦船が除外されている点以外は，放火罪の108条と同じである。

(b)　行　為

　「出水させる」とは，制圧されている水の自然力を解放して氾濫させることをいう。「浸害する」とは，水による物の効用の滅失または著しい減少をいい，浸害のあった時に，既遂となる。

(iii)　非現住建造物等浸害罪

　本罪は，出水させて，119条に規定する物以外の物を浸害し，よって公共の危険を生じさせる罪である。法定刑は，1年以上10年以下の拘禁刑（120条1項）。浸害した物が自己の所有に係るときは，物が差押えを受け，物権を負担し，賃貸し，または保険に付したものであるばあいにかぎり，前項の例による（同条2項）。

　本罪は，「具体的危険犯」であり，放火罪の109条，110条に相当する。た

だし，客体を区別せず，いずれも「公共の危険」の発生を要件としている点で異なる。

(iv) 水防妨害罪

本罪は，水害の際に，水防用の物を隠匿し，もしくは損壊し，またはその他の方法により，水防を妨害する罪である。法定刑は，1年以上10年以下の拘禁刑（121条）。

本罪は，放火罪における「鎮火妨害罪」に相当するものである。

(v) 過失建造物等浸害罪

本罪は，過失により出水させて，119条に規定する物を浸害し，または120条に規定する物を浸害し，よって公共の危険を生じさせる罪である。法定刑は，20万円以下の罰金（122条）。

本罪は，失火に関する116条に相当するものである。前段は「抽象的危険犯」であり，後段は「具体的危険犯」である。

(vi) 出水危険罪

本罪は，堤防を決壊させ，水門を破壊し，出水させるべき行為をする罪である。法定刑は，2年以下の拘禁刑または20万円以下の罰金（123条後段）。

本罪は，浸害罪の未遂の段階にあたるものを処罰するものである。

(vii) 水利妨害罪

本罪は，堤防を決壊させ，水門を破壊し，その他水利の妨害となるべき行為をする罪である。法定刑は，2年以下の拘禁刑または20万円以下の罰金（123条前段）。

(a) 保護法益

本罪の保護法益は，水利権である。水利権は，契約または慣習法に基づくものである。

⒝　行　為

本罪の行為は,「水利の妨害となるべき行為をする」ことである。堤防の決壊および水門の破壊が, 水利の妨害行為の例として示されている。現実に水利が妨害されたことは必要ではない。

⑷　往来妨害の罪

往来妨害の罪は, 公の交通機関または交通施設を侵害してその保護法益である「交通の安全」を害する犯罪である。交通の安全の侵害は, 不特定または多数人の生命・身体や財産に対する危険をもたらすから, 本罪は「公共危険罪」である。

刑法は, 陸と海・湖沼における交通の安全に対する侵害の重要なものを処罰するにとどまり, その他の侵害行為は「特別法」の規定に委ねている。すなわち, 道路交通法, 道路運送法, 道路法, 高速自動車国道法, 鉄道営業法, 新幹線鉄道における列車運行の安全を妨げる行為の処罰に関する特例法, 航路標識法, 航空法, 航空の危険を生じさせる行為等の処罰に関する法律, 航空機の強取等の処罰に関する法律などが「特別罪」を規定している。

⑴　往来妨害罪

本罪は, 陸路, 水路または橋を損壊し, または閉塞して往来の妨害を生じさせる罪である。法定刑は, 2 年以下の拘禁刑または 20 万円以下の罰金（124条1項）。未遂罪を罰する（128条）。

⒜　客　体

本罪の客体は陸路, 水路または橋であるが, それは, 公衆の通行の用に供されるものに限られる。しかし, 公有・私有のいずれかを問わない。

「陸路」は, 事実上, 人や車馬の通行に供されているものであれば足りる。「水路」は海路や湖沼の水路を含むが, 小規模の渡し舟は, 水路に含まれない。「橋」は, 陸橋や桟橋を含むが, 汽車や電車の運行のみのために架設されたものは, 往来危険罪（125条）における鉄道である。

(b) **行　為**

本罪の行為は，客体を損壊または閉塞して往来の妨害を生じさせることである。「損壊」とは，物理的に破壊することをいう。「閉塞」とは，有形の障害物を置いて遮断することをいう。

(c) **既遂時期**

本罪は，具体的危険犯であるから，陸路・水路・橋の損壊や閉塞によって往来の妨害を生じさせた時に，既遂となる。往来が現実に阻止されたことは必要ではない。

(ii) **往来妨害致死傷罪**

本罪は，124条1項の往来妨害罪を犯し，よって人を死傷させる罪である。法定刑は，傷害の罪と比較して，重い刑による（124条2項）。

本罪は，往来妨害罪の結果的加重犯である。

(iii) **往来危険罪**

本罪は，次の2つから成る。①鉄道もしくはその標識を損壊し，またはその他の方法により，汽車または電車の往来の危険を生じさせる罪である（124条1項）。②灯台もしくは浮標を損壊し，またはその他の方法により，艦船の往来の危険を生じさせる罪である（同条2項）。法定刑は，いずれも2年以上の有期拘禁刑（1項・2項）。いずれも未遂罪を罰する（128条）。

本罪の行為は，鉄道もしくはその標識を損壊し，またはその他の方法で汽車または電車の往来の危険を生じさせること，および，灯台もしくは浮標を損壊し，またはその他の方法で艦船の往来の危険を生じさせることである。

「鉄道」は，汽車や電車の運行に必要ないっさいの施設を含む。

(iv) **汽車等転覆・破壊罪**

本罪は，次の2つから成る。①現に人がいる汽車または電車を転覆させ，または破壊する罪である（126条1項）。②現に人がいる艦船を転覆させ，沈没させ，または破壊する罪である。法定刑は，いずれも無期または3年以上の

拘禁刑（1項・2項）。いずれも未遂罪を罰する（128条）。

(a) **客　体**

本罪の客体は，人の現在する汽車・電車・艦船である。

(b) **行　為**

本罪の行為は，汽車・電車を転覆または破壊し，艦船を転覆・沈没または破壊することである。「転覆」とは，転倒・横転・墜落させることをいい，「破壊」とは，交通機関としての用法の全部または一部を不能にする程度に損壊することをいう。脱線させただけでは転覆とはいえず，未遂にとどまる。「転覆・沈没」とは，艦船を転覆または沈没させることをいい，必ずしも船体の全部が没することを要せず，その要部が没すれば足りる。

(v) **汽車等転覆・破壊致死罪**

本罪は，汽車等転覆・破壊罪（126条1項・2項）を犯し，よって人を死亡させる罪である。法定刑は，死刑または無期拘禁刑（126条3項）。

本罪は，汽車等転覆・破壊罪の結果的加重犯である。

「人」は，車船に現在する人に限るとする見解もあるが，歩行者などの車船外の人も含むと解すべきである。

(vi) **往来危険汽車等転覆・破壊罪**

本罪は，125条の罪を犯し，よって汽車もしくは電車を転覆させ，もしくは破壊し，または艦船を転覆させ，沈没させ，もしくは破壊する罪である。法定刑は，126条の例により，無期または3年以下の拘禁刑（127条）。

本罪は，往来危険罪の結果的加重犯である。

「前条の例による」の解釈をめぐって，見解の対立がある。車船の転覆などを引き起こしたばあい，前条1項と2項の例によることは明白であるが，さらに致死の結果が生じたばあいには，前条3項の例によるべきか否か，が問題となる。この点につき，最高裁の大法廷判決における法廷意見は，これを肯定し，少数意見はこれを否定しているが（最〔大〕判昭30・6・22刑集9巻8号1189頁），通説は法廷意見を支持している。

⑼⑦　過失往来妨害罪，業務上過失往来妨害罪

本罪は，次の2つから成る。①過失により，汽車，電車もしくは艦船の往来の危険を生じさせ，または汽車もしくは電車を転覆させ，もしくは破壊し，もしくは艦船を転覆させ，沈没させ，もしくは破壊する罪である。法定刑は，30万円以下の罰金（129条1項）。②その業務に従事する者が，前項の罪を犯したときは，3年以下の拘禁刑または50万円以下の罰金（同条2項）。

①本罪は，「過失」による汽車などの往来の危険を生じさせ，または汽車などの転覆などをおこなうものである。②本罪は，「業務上」，上記の罪を犯すものであり，不真正身分犯である。

② 公共の信用に対する罪

資本主義社会において，取引きの安全は，きわめて重要であり，経済的秩序の基礎をなすものである。取引きの安全を維持・促進するためには，経済取引きに常用される技術的手段（通貨，有価証券，文書および印章）の信用性を確保する必要があるので，刑法は，「通貨偽造の罪」（第2編16章），「有価証券偽造の罪」（同18章），「文書偽造の罪」（同17章）および「印章偽造の罪」（同19章）を規定している。

これらの犯罪類型は，偽造行為を中心とするので，「偽造罪」と総称される。偽造罪の保護法益は，各罪の客体に対する公共の信用であり，刑法は，これを保護することによって，取引きの安全を図ろうとしていると解されている。

⑴　通貨偽造の罪

通貨偽造の罪の保護法益は，通貨に対する「公共の信用」である。現在の経済取引きは，通貨を媒介とする貨幣経済を基礎としているので，偽造の通貨が広く流通するようになると，通貨に対する公衆の信頼が失われ，貨幣経済は，崩壊してしまい，経済取引きの安全が害されることとなる。そこで，刑法は，通貨に対する公共の信用を保護することによって取引きの安全を図

り，これによって経済的秩序の維持を図っているのである。

　経済取引きが，「国際的規模」で拡大化している今日，世界主義的な観点から通貨偽造に対処するため，「外国の通貨」に対する保護が，次第に厚くなる傾向が見られる。わが刑法も，通貨偽造罪は，外国人が外国で犯したばあいにも適用されるほか (2条)，外国通貨偽造罪，偽造外国通貨行使罪などの犯罪類型も規定している。

(i) 通貨偽造罪

　本罪は，行使の目的で，通用する貨幣，紙幣または銀行券を偽造し，または変造する罪である。法定刑は，無期または3年以上の拘禁刑 (148条1項)。未遂罪を罰する (151条)。

(a) 客　体

　「通用の」とは，わが国で強制通用力を有することを意味する。「貨幣」とは，硬貨，つまり金属貨幣をいい，「紙幣」とは，政府が発行する証券をいい，「銀行券」とは，政府の認許により特定の銀行 (わが国では日本銀行) が発行している証券をいう。通常，紙幣と称されているのは，銀行券 (日銀券) のことである。

(b) 行　為

　「偽造」とは，通貨を発行する権限を有しない者が，真貨の外観を有する物を作出することをいい，一般人に真正の通貨と誤認される程度のものの作出で足りる (大判昭2・1・28新聞2664号10頁ほか)。通貨および一定の証券に紛らわしい外観を有するものを製造するのは，「模造」であり，通貨及証券模造取締法によって処罰される。偽貨が真貨と同等以上の価値を有するばあいであっても，偽造となる。偽貨に相当する真貨の存在は不要である。

　「変造」とは，真貨の外観を失わせることなく真貨に加工してこれに変更を加え通貨の外観を有する物を作り出すことをいう。真正の通貨を材料にしてまったく別個のものを新たに作り出すのは，偽造であり (大判明39・6・28刑録12輯768頁参照)，また，廃貨を利用するものも偽造である。

(c)　目　的

「行使の目的」とは, 真正の通貨として流通におこうとする意図をいう。したがって, 学校の教材や陳列用の標本にする目的は, これにあたらない。

(ii)　偽造通貨行使等罪

本罪は, 偽造または変造の貨幣, 紙幣または銀行券を行使し, または行使の目的で, これを人に交付し, もしくは輸入する罪である。

(a)　行　使

「行使」とは, 真正な通貨として「流通」過程におくことをいう。自動販売機などへの投入は, 行使にあたる。行使の方法の適法・違法を問わず, 要するに, 流通過程におけばよく, 賭金に使用するのも行使である。行使の相手は, 「交付」との関連で, 偽貨であることの情を知らない者でなければならない。

(b)　交　付

「交付」とは, 情を知っている者に行使の目的をもって偽造通貨を引き渡すことをいう。交付には, 偽貨であることを告げて手渡すばあいとすでに偽貨であることを知っている相手に手渡すばあいとがある。情を知らない使者に買物をさせるために偽貨を渡す行為は, 交付ではなくて行使である。

(c)　輸　入

「輸入」とは, 偽造通貨を国外からわが国内に搬入することをいい, 陸揚げ・着陸を必要とする。

(iii)　外国通貨偽造罪

本罪は, 行使の目的で, 日本国内に流通している外国の貨幣, 紙幣または銀行券を偽造し, または変造する罪である。法定刑は, 2年以上の有期拘禁刑 (149条1項)。未遂罪を罰する (151条)。

本罪の客体は, 外国の通貨発行権に基づいて発行された通貨である。本罪は, わが国内における取引きの信用を保護することを直接の目的としているのであって, 外国の法益の保護を目的としているのではない。「日本国内に流通する」とは, 事実上, わが国において使用されていることをいう。

(iv) 偽造外国通貨行使罪

本罪は，偽造または変造の外国の貨幣，紙幣または銀行券を行使し，または，行使の目的でこれを人に交付し，もしくは輸入する罪である。法定刑は，149条1項と同じく2年以上の有期拘禁刑（149条2項）。未遂罪を罰する（151条）。

(v) 偽造通貨等収得罪

本罪は，行使の目的で，偽造または変造の貨幣，紙幣または銀行券を収得する罪である。法定刑は，3年以下の拘禁刑（150条）。

「収得」とは，自己の所持に移すいっさいの行為をいう。たとえば，買受け，拾得，詐取，窃取などが，これにあたる。偽造通貨であることを知って収得したばあいに限られる。

(vi) 収得後知情行使等の罪

本罪は，貨幣，紙幣または銀行券を収得した後に，それが偽造または変造のものであることを知って，これを行使し，または，行使の目的でこれを人に交付する罪である。法定刑は，その額面の価格の3倍以下の罰金または科料。ただし，2000円以下にすることはできない（152条）。

本罪は，偽造通貨行使罪または偽造外国通貨行使罪の「減軽類型」である。偽貨を収得した後に，これを行使する行為は期待可能性が乏しいので，刑が減軽されているのである。

偽貨であることを知らずに収得したことが必要である。適法な収得に限るとする説と違法なそれをも含むとする説があるが，前者が妥当である。

(vii) 通貨偽造等準備罪

本罪は，貨幣，紙幣または銀行券の偽造または変造の用に供する目的で，器械または原料を準備する罪である。法定刑は，3月以上5年以下の拘禁刑（153条）。

本罪は，予備行為のうち，「器械・原料の準備行為」だけを独立罪としたも

のである。「器械」は，偽造・変造に直接，必要なものに限られない。偽造・変造の用に供する目的で器械・原料を準備すれば足り，準備が偽造・変造の目的を達成できる程度に達することは必要でない。

　行為者自身の偽造・変造の用に供するためであると（予備的形態），他人の偽造・変造の用に供するためであると（幇助的形態）を問わない。

(2)　文書偽造の罪

(i)　総　説

(a)　文書偽造罪の本質

　文書は，社会生活上，一定の事項を証明する手段として非常に重要な機能を果たしている。文書が証明手段として優れているのは，一定の思考（思想）が物体に化体されることによって「永続性」と「不可変性」を獲得するからである。永続性・不可変性が文書の証拠力・証明力を高め，このことが文書に対する「公の信用」を基礎づけることになる。文書に対するこのような「公の信用」を害するのが，文書偽造罪である。すなわち，文書を偽造・変造することによって，文書に対して寄せられている「一般の信頼」を裏切る点に文書偽造罪の本質が存在するわけである。

(b)　電磁的記録

　現在では，電気情報処理組織（コンピュータ・システム）の実用化が進み，国や地方公共団体の機関や民間の企業に広く普及するようになったため，情報の保存・処理・伝達・証明などの能力を活用して，これまで，文書によっておこなってきたものを，大幅に「電磁的記録」によって代替するようになっている。そこで，この種の情報処理の用に供される電磁的記録（7条の2参照）に対する公共的信用も，文書と同じように刑法で保護しなければならないと考えられるようになった。この点について，電磁的記録も文書であり，電磁的記録に対する公共的信用の保護は文書偽造の罪によってまかなうことができるという見解が主張され，電磁的記録を「公正証書の原本」と解する判例もあった。そして道路運送車両法に規定する電子情報処理組織による自動車登録ファイルについて，最高裁の判例は，それを刑法157条1項にいう「権

利，義務に関する公正証書の原本」にあたると判示したのである（最決昭58・2・24刑集37巻9号1538頁）。

　たしかに，自動車登録ファイルが，従前の自動車登録原簿に代わって現実に果たしている社会的役割を直視すると，これに公正証書の原本として刑法的保護を与える必要があることは明らかであるが，しかし，可視性・可読性がなくても文書であると解するのは，伝統的な文書の観念から余りにもかけ離れすぎており，許された拡張解釈の範囲を逸脱し罪刑法定主義に違反する。したがって，電磁的記録の刑法的保護は新しい立法によるべきことになる。このような観点から，昭和62年（1987年）の一部改正にあたって，公正証書原本等不実記載罪および不実記載公正証書原本行使罪の客体に，「公正証書の原本たる可き電磁的記録」が加えられ，また，電磁的記録不正作出罪（161条の2第1項）および不正電磁的記録供用罪（同条3項）が新設されたのである。これらの犯罪類型は，コンピュータ犯罪の一環として規定されたものであるが，本罪についても，本章で見ることにする。

(ii)　文書偽造の罪に関する基本概念

(a)　有形偽造と無形偽造の意義

　まず，文書偽造罪における基本概念である有形偽造と無形偽造の意味・内容を明らかにすることにしよう。文書の有形偽造とは，適法に文書を作成する権限をもたない者が，他人の名義を偽って文書を作成すること，いいかえると「不真正な文書」を作成することをいう。文書の作成者として文書に表示されている名義人と現実にその文書を作り出した者とが一致しないばあい，その文書は「不真正文書」である。これに対して無形偽造とは，文書の作成名義には偽りはないが真実に反する内容を含む文書（「虚偽文書」）を作成することをいう。したがって，有形偽造が「文書の作成」自体を問題とするのに対して，無形偽造は作成された「文書の内容」の真実性を問題にすることになる。

　有形偽造の本質的要素は，第1に文書を作成する権限がないこと，第2に他人の名義を使用することである。

(α)　**有形偽造と作成権限**　作成権限の問題の背景には，偽造行為の理解をめぐる「事実説」と「観念説」ないし「精神性説」との対立がある。事実説によると，文書における意識の表示主体としての名義人とその名義人の意識を現実に文書に記載した者である作成者とが一致しないばあいに，有形偽造が成立する。これは，文書の作成者をもっぱら有体的・形式的に理解し，文書の作成を文書の物理的な作出そのものと同一視する見解である。したがって，他人名義の文書の作出は，つねに文書偽造罪の構成要件に該当するが，行為者に文書作成の権限があるばあいには，名義人の承諾などに基づいて違法性が阻却されることになる。すなわち，この説によれば，作成権限は違法性阻却事由とされるのである。

これに対して観念説は，文書の作成者を精神的・実質的に把握し，これを文書の作成名義人と同一視する見解である。文書の中に記載されている意識の内容が，精神的に見てその者から発していると考えられる者が文書の作成名義人とされ，ある者が文書を現実に物理的に作出したばあい，その文書がなお名義人によって作成されたものと解し得るかどうか，が問題となる。この見解によると，作成名義人がその文書を精神的に「作成」したものとする基礎をなすのが，文書の作成権限にほかならない。

作成名義人の名称・商号などが機械的に複製され，他人に作成させた文書による取引きが迅速かつ大量におこなわれている今日，その名称・商号などの主体が文書に表示されていることこそが，法律生活ないし経済生活上，重要な意味をもつのであり，このことを看過している事実説は妥当でない。社会生活において意味をもつのは精神作用としての文書の作成であるから，観念説が妥当である。

(β)　**有形偽造と他人名義の使用**　有形偽造の第2の要件は，他人の名義を使用すること，つまり名義人の人格を偽ることである。通説・判例は，文書の名義人を文書に表示された「意識内容の主体」であると解している。すなわち，そもそも文書は，一定の意識内容が記載されているものであるから，その意識内容の主体が誰か，ということが重大な関心事とされ，その主体が表示されていない意思表示は，空虚であり，それを記載した文書の価値は低

いとされるのである。

　しかし，形式主義と前述の観念説の見地を徹底すると，次のように解すべきことになる。そもそも一定の意識内容を「文書化」することは，一定の事実を証明するにあたって重要な意味をもつ。このような「文書化」は，その「責任の主体」が文書に明示されることによって，公共の信頼を得ることができるのである。したがって，「文書化の責任」の所在を偽ることによって，文書に対する公共の信頼が侵害されるので，この点にこそ有形偽造の本質があるといえる。この見地からは，文書の名義人は，「文書を作成すること自体に関する責任の主体」であると解すべきことになる。いいかえると，文書の形式的成立に偽りのないことを保障する者が名義人なのであり，文書の成立の真正を保障するということは，結局，その文書の成立を争わないこと，つまりその文書作成の効果が自己に帰属することをみとめることを意味する。

　このようにして，判例・通説の名義人概念は修正されるべきであると考える（川端『文書偽造罪の理論』新版（平成11年・1999年）46頁）。

(b)　偽造と変造

　広義の偽造行為には，狭義の「偽造」と「変造」とがある。

　「狭義の偽造」とは，すでに述べたように，他人名義を冒用して不真正文書を作出することを意味する。これに対して，「狭義の変造」とは，真正に成立した文書の外形または内容に権限なくして変更を加えることをいう。「文書の同一性」を害しない程度の変更を加えるのは，変造であるが，既存の文書に変更を加えても，「文書の同一性」を失い，「新たな文書」を作出したとみとめられるばあいは，偽造となる。

　文書の一部を削除したばあい，「効用」の全部または一部を喪失させたときは「毀棄」であり，「新たな証明力」を作り出したときは変造となる。

(c)　形式主義と実質主義

　「有形偽造」を本来の偽造行為として処罰する立法主義を「形式主義」といい，「無形偽造」を本来の偽造行為として処罰する立法主義を「実質主義」という。

　形式主義が妥当であると解すべきである。わが刑法も，原則として形式主

義をとっている。

(d)　代理・代表名義の冒用

有形偽造となるのかそれとも無形偽造となるのか，がとくに争われているものに，代理・代表名義の冒用の問題がある。

(α)　無形偽造説

この点につき，無形偽造説は，代理名義の文書の名義人は表意者である代理人自身であるとし，したがって，代理名義の冒用は無形偽造になると解する。そして行為の可罰性に関して，①実質主義を前提として155条3項，159条3項で処罰する説，②有形偽造に準じて159条3項で処罰する説，③代理名義の冒用は不可罰，代表名義の冒用は有形偽造とする説，④不可罰説に分かれている。

(β)　有形偽造説

有形偽造説は，代理名義の冒用に関して名義人は行為者である代理人以外の者を偽るものであるとする点では一致しているが，代理人以外の何者の名義を偽ったことになるのか，をめぐって，見解が分かれている。判例・通説は，本人（被代理人）の名義を偽ると解している。代理名義の冒用は，文書の作成について責任を負うべき者，つまり本人の名義を偽ることによって，文書に対する公共の信頼を侵害するものであるから，結論的には通説・判例と同様，有形偽造になると解するのが妥当である。

(e)　架空人名義の使用と有形偽造

通常，偽造行為は，実在する他人の名義を冒用することによってなされるが，実在しない架空の公務所・公務員または私人（虚無人）の名義を使って文書を作成する行為をも，他人名義の冒用があるとして文書偽造罪の成立をみとめるべきなのか，が問われる。名義人が実在することは必要でないとする点において，学説・判例は一致している。文書は，意思表示を物体化・有体化することによって，時間的・空間的制約を超克するので，個々的に見ると，その作用の基礎が，必ずしも名義人を現実の人格に直接的に依存しなくなっている。文書の名義人とされた者に対して，究極的に「文書化の責任」を追及できることが，制度的に保障されていれば足りる。したがって，虚無人名義の文書を作成する行為は，現実に文書を作成した者が，明らかに，その「文書作成の責任」を自己以外の者に転嫁するものであるから，文書の作成につ

いての責任の所在を偽る行為であり，文書偽造罪を構成するのである。

(f) 偽造罪の客体——文書・図画・電子的記録の意義

(α) 文書の意義 本項の罪の客体は，「文書」と「図画」（両者を合わせて「広義の文書」という）および「電子的記録」である。「文書」とは，文字またはこれに代わるべき符号によって客観的・確定的に，かつ，多少継続的に一定の思想を表示した物体をいう（大判明43・9・30刑録16輯1572頁）。文書といえるためには，一定の思想の表示があれば足り，必ずしも「意思表示」に限定されず，観念の表示・感情の表示であってもよいのである。文書には公文書と私文書とがある。「公文書」とは，公務所または公務員がその名義をもってその権限の範囲内において所定の形式に従って作成すべき文書をいい，「私文書」とは，公務所または公務員以外の者の作成名義にかかる文書で，「権利・義務または事実証明に関するもの」をいう。

従来，文書偽造罪の客体は「原本」に限られると解されてきた。なぜならば，「写し」を作成するのは，元来，自由であり，内容虚偽の写しを作成しても有形偽造とはならないからである。つまり，写しの「作成権限」がある以上，無形偽造の問題が生ずるにすぎないとされたのである。ただし，写しに「認証文言」があるばあいには，その認証文言の部分が「原本」性を有するので，有形偽造にあたるとされた。

(β) 写真コピーの文書性 電子複写機による公文書の写し（写真コピー）の作成が公文書偽造罪を構成し得るかどうか，について，最高裁の判例は，公文書偽造罪の保護法益として公文書に対する「公共的信用」をあげ，本罪の目的を公文書が「証明手段としてもつ社会的機能」を保護することに求め，したがって，公文書偽造罪の客体となる文書の要件として，公文書に匹敵するような「証明文書としての社会的機能」と「信用性」をあげている。

すなわち，判例は，公文書の写真コピーが実生活上，「原本に代わるべき証明文書」として一般に通用し，原本と同程度の「社会的機能と信用性」を有するばあいが多いのであるから，写真コピーは，「文書本来の性質上写真コピーが原本と同様の機能と信用性を有しえない場合を除き」，公文書偽造罪の客体たり得るとしているのである（最判昭51・4・30刑集30巻3号453頁，最決

昭54・5・30刑集33巻4号324頁, 最決昭58・2・25刑集37巻1号1頁, 最決昭61・6・27刑集40巻4号340頁)。判例は, ファクシミリについても公文書偽造の客体となり得ることをみとめている(広島高裁岡山支判平8・5・22高刑集49巻2号246頁)。

　(γ)　図画　「図画」とは, 文字またはこれに代わるべき符号以外の形象によって客観的・確定的に, かつ, 多少継続的に一定の思想を表示した物体をいう。

　(δ)　電磁的記録　「電磁的記録」とは, 電子的方式, 磁気的方式, その他, 人の知覚をもって認識できない方式によって作られ, 電子計算機による情報処理の用に供されるものをいう (7条の2)。すなわち, それは, 電子を利用した記録方式または磁気を利用した磁気ディスクのように, 人の5感の作用によって記録の存在および状態を認識できない方式によって作られた記録であり, かつ, 電子計算機によって演算, 検索などの情報の処理に用いられるものを意味する。

　(g)　「行使」

　(α)　行使の意義　広義の偽造罪の中には, 偽変造文書の「行使」罪も含まれており, また, 広義の偽造行為は「行使の目的」がないばあいには処罰されないので, ここで行使および行使の目的の意味・内容を概括的に明らかにしておく必要がある。

　「行使」とは, 偽造文書を「真正な文書」として, つまり虚偽文書を内容の真実な文書としてそれぞれ使用することをいう。行使といえるためには, 偽造文書を相手方に提示・交付・送付し, または一定の場所に備え付けることによって, 相手方にその内容を「認識させ, または認識できる状態」におくことが必要であるとされる。なぜならば, それによって当該文書に対する公共の信用が害されるおそれが生ずるからである。

　(β)　行使の目的　「行使の目的」とは, 偽造文書を真正な文書と誤信させ, 虚偽文書を内容の真実な文書と誤信させる目的をいう。

　(iii)　詔書偽造等の罪

　本罪は, 次の2つから成る。すなわち, ①行使の目的で, 御璽, 国璽もし

くは御名を使用して詔書その他の文書を偽造し，または偽造した御璽，国璽もしくは御名を使用して詔書その他の文書を偽造する罪である（154条1項）。②御璽もしくは国璽を押し，または御名を署した詔書その他の文書を変造する罪である（同条2項）。法定刑は，いずれも無期または3年以上の拘禁刑。

　「詔書」とは，天皇の国事に関する行為としての意思表示にかかる公文書で，一般に公示されるものをいう。「その他の文書」とは，詔書以外の天皇名義の公文書をいい，国事に関するものに限られない。「御璽」とは，天皇の印章をいい，「国璽」とは，日本国の印章をいい，「御名」とは，天皇の署名をいう。

⑷　公文書偽造罪

　本罪は，有印公文書偽造罪および無印公文書偽造罪から成る。すなわち，①行使の目的で，公務所もしくは公務員の印章もしくは署名を使用して公務所または公務員の作成すべき文書もしくは図画を偽造し，または偽造した公務所もしくは公務員の印章もしくは署名を使用して公務所もしくは公務員の作成すべき文書もしくは図画を偽造する罪である。法定刑は，1年以上10年以下の拘禁刑（155条1項）。②公務所または公務員が押印または署名した文書または図画を変造する罪である。法定刑は，1項と同じ（同条2項）。

　③前2項に規定するもののほか，公務所もしくは公務員の作成すべき文書もしくは図画を偽造し，または公務所もしくは公務員が作成した文書もしくは図画を変造する罪である。法定刑は，3年以下の拘禁刑または20万円以下の罰金（同条3項）。

　「公文書」とは，公務員・公務所が職務上，作成する文書をいう。

⑸　虚偽公文書作成罪

　本罪は，公務員が，その職務に関し，行使の目的で，虚偽の文書もしくは図画を作成し，または文書もしくは図画を変造する罪である。法定刑は，印章または署名の有無により区別して，前2条の例による。

　本罪の主体は，文書または図画を作成する職務権限を有する公務員に限ら

れるので，本罪は真正身分犯である。

作成補助者である公務員が，作成権者の決裁を受けずに文書を作成する行為は，本罪でなくて，公文書偽造罪を構成する。

(vi)　公正証書原本不実記載罪・電磁的記録不正記録罪

本罪は，次の2つの類型から成る。すなわち，①公務員に対し虚偽の申立てをして，登記簿，戸籍簿その他の権利もしくは義務に関する公正証書の原本に不実の記載をさせ，または権利もしくは義務に関する公正証書の原本として用いられる電磁的記録に不実の記録をさせる罪である。法定刑は，5年以下の拘禁刑または50万円以下の罰金（157条1項）。②公務員に対し虚偽の申立てをして，免状，鑑札または旅券に不実の記載をさせる罪である。法定刑は，1年以下の拘禁刑または20万円以下の罰金（同条2項）。いずれの罪の未遂罪を罰する（同条3項）。

本罪は，公務員を利用しておこなう「間接的な虚偽公文書作成罪」である。したがって，本条によって間接的な無形偽造行為が処罰されることになる。「権利若しくは義務に関する公正証書」とは，公務員が，職務上，作成する文書で，権利・義務に関する一定の事実を証明する効力を有するものをいう。

(vii)　偽造公文書・虚偽公文書行使罪

本罪は，詔書等偽造罪，公文書偽造罪，虚偽公文書作成罪，公正証書原本等不実記載罪の文書もしくは図画を行使し，または157条1項（電磁的記録不実記録罪）の電磁的記録を公正証書の原本としての用に供する罪である。法定刑は，その文書もしくは図画を偽造し，虚偽の文書もしくは図画を作成し，または不実の記載もしくは記録をさせた者と同一の刑（158条1項）。未遂罪を罰する（同条2項）。

(viii)　私文書偽造罪

本罪は，次の3つの類型から成る。①行使の目的で，他人の印章もしくは署名を使用して，権利，義務もしくは事実証明に関する文書もしくは図画を

偽造し，または偽造した他人の印章もしくは署名を使用して，権利，義務もしくは事実証明に関する文書もしくは図画を偽造する罪である（59条1項）。②他人が押印または署名した権利，義務または事実証明に関する文書または図画を変造する罪である。法定刑は，①・②のいずれも3月以上5年以下の拘禁刑。③前2項に規定するもののほか，権利，義務または事実証明に関する文書または図画を偽造または変造する罪である。法定刑は，1年以下の拘禁刑または10万円以下の罰金（同条3項）。

　有印私文書偽造罪と無印私文書偽造罪とがある。

(ix)　虚偽診断書等作成罪

　本罪は，医師が，公務所に提出すべき診断書，検案書または死亡証書に虚偽の記載をする罪である。法定刑は，3年以下の拘禁刑または30万円以下の罰金（160条）。

(a)　客　体

　「診断書」とは，医師が，診察の結果に関する判断を表示して，人の健康上の状態を証明するために作成する文書をいい，「検案書」とは，医師が死体について死因，死期，死所などに関する事実を医学的に確認した結果を記載した文書をいい，「死亡証書」とは，生前から診療に従事していた医師が，その患者の死亡した時に，死亡の事実を確認して作成する一種の診断書で，医師法20条にいう死亡診断書と同じものをいう。

(b)　行　為

　「虚偽の記載」は，真実に合致しない記載を意味し，事実に関するものだけでなく，判断に関するものも含まれる。

(x)　偽造私文書・虚偽診断書等行使罪

　本罪は，私文書偽造罪・虚偽診断書等作成罪の文書または図画を行使する罪である。法定刑は，その文書もしくは図画を偽造し，もしくは変造し，または虚偽の記載した者と同一の刑（161条1項）。本罪の未遂罪を罰する（同条2項）。

　本罪の客体は，前2条に記載した文書・図画であるが，偽造・変造などは，何人がおこなったものでもよいし，また，行使の目的に出たものであることを要しない。

(xi)　電磁的記録不正作出罪

　本罪は，人の事務処理を誤らせる目的で，その事務処理の用に供する権利，義務または事実証明に関する電磁的記録を不正に作る罪である。法定刑は，5年以下の拘禁刑または50万円以下の罰金（161条の2）。

　前項の罪が公務所または公務員により作られるべき電磁的記録に係るときは，法定刑は，10年以下の拘禁刑または100万円以下の罰金（同条2項）。

(a)　客　体

　本罪は，行為客体により，私電磁的記録不正作出罪（161条の2第1項）と公電磁的記録不正作出罪（同条第2項）に分かれる。

(b)　行　為

　本罪の行為は，電磁的記録を不正に作ること，つまり不正作出である。「不正作出」とは，電磁的記録作出権者，つまりコンピュータシステムを設置・管理し，それによって一定の事務処理をおこなおうとしている者の本来的意図に反する電磁的記録をほしいままに作出して，存在させることをいう。

(xii)　不正電磁的記録供用罪

　本罪は，不正に作られた権利，義務または事実証明に関する電磁的記録を，人の事務処理を誤らせる目的で，人の事務処理の用に供する罪である。法定刑は，電磁的記録を不正に作った者と同一の刑（161条の2第3項）。未遂を処罰する（同条4項）。

　本罪の行為は，「人の事務処理の用に供する」ことである。これは，不正に作出された電磁的記録を電子計算機にかけて，事務処理のために使用することができる状態におくことをいい，文書に関する「行使」に相当するものである。

⑶　有価証券偽造の罪

（i）　総　説

有価証券偽造の罪の保護法益は，有価証券に対する「公共の信用」である。有価証券は，「文書の性質」を有するとともに，「通貨に類似する機能」をも有するので，有価証券偽造罪の性格は，通貨偽造罪と文書偽造罪の中間的なものといえる。有価証券は，経済取引きの重要な手段であり，流通性をもつものが多いので，刑法は，私文書偽造よりも重く処罰するほか，偽造有価証券の交付や輸入なども処罰している。その重要性に鑑み，国際的な取締りが必要であるため，外国人が外国で犯したばあいにもわが刑法が適用される（2条6号）。

（ii）　有価証券偽造罪

本罪は，行使の目的で，公債証書，官庁の証券，会社の株券その他の有価証券を偽造し，または変造する罪である。法定刑は，3月以上10年以下の拘禁刑（162条1項）。

「有価証券」とは，財産上の権利を表示する証券で，権利の行使・処分のために証券の所持を必要とするものをいう。取引き上，流通性を有するか否か，を問わないので，鉄道乗車券や勝馬投票券などのように流通性を欠くものも有価証券である。公債証書は，わが国またはわが国の公共団体が発行したものに限られる。「官庁の証券」は，財務省証券や郵便為替証書などをいう。

判例上，有価証券とされるものとして，手形，小切手，商品券，外国貿易支払票などがある。有価証券性が否定されたものとして，炭鉱の採炭切符，郵便貯金通帳，信用組合の出資証券，無記名定期預金証書などがある。

（iii）　有価証券虚偽記入罪

本罪は，行使の目的で，有価証券に虚偽の記入をする罪である。法定刑は，3月以上10年以下の拘禁刑（162条2項）。

（a）　客　体

本罪の有価証券は，私法上，有効なものであることを要せず，一般人に真

正な有価証券と誤信させる程度の外観を具備するものであれば足りる。

　(b)　行　為

　判例によると,「虚偽記入」とは,有価証券に真実に反する記載をおこなうことをいう。自己名義か他人名義かを問わないが,他人名義を冒用するばあい,有価証券の発行や振出のような基本的証券行為に関するものが偽造であり,裏書きや引受けや保証などの附随的証券行為に関するものが虚偽記入である。しかし,通説によると,虚偽記入とは,文書偽造罪における虚偽文書の作成に相当するものであり,作成権限を有するものが,有価証券に真実に反する記載をおこなうことをいい,基本的証券行為に限らず,附随的証券行為に関するものでもよいのである。ただし,偽造・変造罪も虚偽記入罪も,ともに162条に規定され,法定刑も同じであるから,両者を厳密に区別することには,あまり実益はない。

(iv)　偽造有価証券行使等罪

　本罪は,偽造もしくは変造の有価証券または虚偽の記入がある有価証券を行使し,または行使の目的で,これを人に交付し,もしくは輸入する罪である。法定刑は,3月以上10年以下の拘禁刑(163条1項)。未遂罪を罰する(同条2項)。

　(a)　客　体

　本罪の客体は,偽造・変造・虚偽記入された有価証券である。それは,行為者自身が偽造・変造・虚偽記入したものであるか否か,を問わず,また,行使の目的で偽造・変造・虚偽記入したものであるかどうか,も問わない。

　(b)　行　為

　「行使」とは,偽造有価証券を真正なものとして,または,虚偽記入の有価証券を真実を記載したもののように装って使用することをいい,通貨のように流通におく必要はない。「交付」とは,偽造・変造または虚偽記入の有価証券を情を知ったものに与えることをいう。「輸入」とは,偽造・変造または虚偽記入の有価証券を国外から国内に搬入することをいう。交付・輸入は,行使の目的でおこなわれなければならない。

⑷ 支払用カード電磁的記録に関する罪

(i) 総 説

　クレジットカード，プリペイドカードなど，コンピュータ処理のための電磁的記録を不可欠の構成要素とする支払用カードは，広く国民の間に普及し，今日では，通貨，有価証券に準ずる社会的機能を有するに至っている。このように，決済手段として通貨・有価証券に準ずる機能を果たしている支払用カードを偽造する行為などが頻発し，国民生活に重大な支障が生じているにもかかわらず，従来の刑法の下においては，これに効果的に対処できなかった。そこで，平成13年（2001年）に刑法の一部改正がなされた。改正法において犯罪化された行為類型は，①クレジットカードなど，代金のまたは料金の支払用のカードを構成する電磁的記録を不正に作出し，供用し，譲り渡し，輸入し，または所持する行為，および，②支払用カード電磁的記録の不正作出の用に供する目的で，その電磁的記録の情報を取得し，提供し，または保管する行為および器械または原料を準備する行為である。

(ii) 支払用カード電磁的記録不正作出等の罪

　本罪は，次の4つから成る。すなわち，①人の財産上の事務処理を誤らせる目的で，その事務処理の用に供する電磁的記録であって，クレジットカードその他の代金または料金の支払用のカードを構成するものを不正に作る罪である。法定刑は，10年以下の拘禁刑または100万円以下の罰金。②預貯金の引出用のカードを構成する電磁的記録を不正に作った者も，同様とする（163条の2第1項）。③不正に作られた前項の電磁的記録を，人の財産上の事務処理を誤らせる目的で，人の財産上の事務処理の用に供する罪である。法定刑は，10年以下の拘禁刑または100万円以下の罰金（同条2項）。④不正に作られた第1項の電磁的記録をその構成部分とするカードを，人の財産上の事務処理を誤らせる目的で，譲り渡し，貸し渡し，または輸入する罪である。法定刑は，10年以下の拘禁刑または100万円以下の罰金（同条3項）。本罪の未遂罪は，すべて罰する（163条の5）。

(a) 客　体

本罪の客体となるカードは,「代金または料金の支払用カード」および「預貯金の引出用カード」である。「支払用のカードを構成する電磁的記録」とは, 正規の支払用カードの構成要素となっている電磁的記録, つまり, 支払システムにおける機械的事務処理の用に供するべき一定の情報が, 所定のカードに電磁的方式で記録されたものをいう。

(b) 行　為

本罪の行為は,「人の財産上の事務処理を誤らせる目的」で支払用カード電磁的記録を不正に作り, または不正に作られた上記の電磁的記録を人の事務処理の用に供し, もしくは不正に作られた上記の電磁的記録をその構成部分とするカードを譲り渡し, 貸し渡し, もしくは輸入することである。

(iii)　不正電磁的記録カード所持罪

本罪は, 163条の2第1項の目的 (人の財産上の事務処理を誤らせる目的) で, 同条第3項のカードを所持する罪である。法定刑は, 5年以下の拘禁刑または50万円以下の罰金 (163条の3)。

本罪の行為は, 人の財産上の事務処理を誤らせる目的で, 不正に作られた163条の2第3項のカードを所持することである。「所持」とは, 支払用カードを事実上支配していることをいう。

(iv)　支払用カード電磁的記録不正作出準備罪

本罪は, 次の4類型から成る。すなわち, ①163条の2第1項の犯罪行為の用に供する目的で, 同項の電磁的記録の情報を取得する罪である。法定刑は, 3年以下の拘禁刑または50万円以下の罰金。②情を知って, その情報を提供する罪である。法定刑は, 3年以下の拘禁刑または50万円以下の罰金 (163条の4第1項)。本罪の未遂罪は罰する (163条の5)。③不正に取得された163条の2第1項の電磁的記録の情報を, 前項の目的で保管する罪である。法定刑は, 3年以下の拘禁刑または50万円以下の罰金 (163条の4第2項)。④第1項の目的で, 器械または原料を準備する罪である。法定刑は3年以下の

拘禁刑または50万円以下の罰金（163条の4第3項）。

　本条は，支払用カードを構成する電磁的記録を不正に作る罪の予備的な行為のうち，不正作出罪の遂行にとって不可欠であり，当該犯罪類型に固有の重要性を有するものとして，カード情報を準備する行為と，カード原版などの器械，原料を準備する行為を処罰するものである。すなわち，カードの情報の不正取得から電磁的記録の不正作出に至る間に，多くの関係者が介在するという実情を踏まえて，取得，提供，保管という行為を処罰することにより，不正作出の実行の着手を待たずに，不正取得に係るカード情報のこれらの段階で的確な対応を確保し，支払用カードを構成する電磁的記録を不正に作るためには，カード情報とともに，カードの原版や，これに印磁するための器械が不可欠であり，これら器械，原料の準備については，カード原版の大量密輸の実情などに鑑み，カード情報の不正取得などを処罰するのと同様の処罰の必要性があるとされたのである。

(5)　印章偽造の罪

(i)　総　説

(a)　罪質と犯罪類型

　印章偽造の罪は，行使の目的をもって印章・署名を偽造し，または，印章・署名を不正に使用し，もしくは，偽造した印章・署名を使用することを内容とする犯罪である。その保護法益は，印章・署名の真正に対する公共の信用であり，本罪は抽象的危険犯である。

　刑法は，「御璽等偽造罪」（164条1項），「御璽等不正使用罪」（同条2項），「公印等偽造罪」（165条1項），「公印等不正使用罪」（同条2項），「公記号偽造罪」（166条1項），「公記号不正使用罪」（同条2項），「私印等偽造罪」（167条1項），「私印等不正使用罪」（同条2項）および各不正使用罪の未遂罪（178条）を規定している。

　印章・署名は，文書・有価証券の作成に際して用いられることが多く，その偽造も文書・有価証券の偽造手段としておこなわれるばあいが多いのである。文書・有価証券偽造が既遂になると，印章・署名の偽造は文書・有価証

券偽造罪に吸収される。したがって，文書・有価証券偽造が未遂に終わったばあいに，印章偽造罪が成立することになる。したがって，印章偽造罪は，文書・有価証券偽造罪の未遂的形態であるといわれる。他方，印章・署名が文書・有価証券とは独立に，それ自体として文書の役割を果たすばあいがある。たとえば，花押は，たんに印章・署名だけで一定の事実の証明や認証を示すものとして使用される。

(b)　印　章

「印章」とは，人の同一性を証明するために使用される象形（文字または符号）をいう。一般に氏名が象形として用いられるが，必ずしも氏名に限らず，図形を現す拇印や花押などでもかまわない。人の同一性を証明するものであれば足り，有合せ印（三文判など）を用いたばあいも含まれる。印章は，「印影」に限られる。しかし，判例は，「印顆」と印影の両者を含むと解している。印影とは，人の同一性を証明するために，文書・有価証券などのうえに顕出された文字その他の符号の影蹟（押印）をいい，印顆とは，印影を作成する手段としての文字その他の符号を刻した物体（判子・印形）をいう。

印章か文書か，が問題となるものに，極端な「省略文書」がある。省略文書とは，一定の意思・観念を簡略化して表示する文書をいう。極端な省略文書として物品税表示証紙や郵便局の日付け印がある。学説・判例は，①これを公務所の印章とする印章説とこれを郵便局の署名のある文書とする省略文書説とに分かれている。印章と文書を区別する基準は，名義人の一定の意思・観念を表示するものであるか，人の同一性を表示するものであるか，の点にあるので，日付け印の使用されるばあいによって区別すべきであり，たとえば，金銭領収の趣旨を示すために用いられるばあいは，一定の意思を表示するものであるから文書であるのに対し，たんに郵便物が郵便局に経由したことを示すにすぎないばあいは印章と解すべきである。

印章は，公印と私印とに分けられる。「公印」とは，公務所・公務員の印章をいい（165条），「私印」とは私人の印章をいう（167条）。「記号」は，公務所・公務員の記号，つまり公記号と私人の記号，つまり私記号とに分かれるが，私記号については処罰規定は設けられていない。

(c) 署 名

「署名」とは，その主体である者が，自己を表章する文字によって氏名その他の呼称を表記したものをいう。氏名を表記するのが一般であるが，氏または名のみの記載，片仮名，商号，略号，屋号，雅号などの記載も署名である。署名は，その主体がみずから書く自署である必要はなく，代筆・印刷などによる記名でもかまわない。

(ii) 御璽偽造等罪

本罪は，行使の目的で，御璽，国璽または御名を偽造する罪である。御璽等不正使用罪は，御璽，国璽，もしくは御名を不正に使用し，または偽造した御璽，国璽または御名を使用する罪である。法定刑は，2年以上の有期拘禁刑（164条）。本罪の未遂罪は罰する（168条）。

本罪は，公印等偽造罪，公印等不正使用罪の特別罪である。

(iii) 公印偽造等罪

本罪は，次の2つの類型から成る。すなわち，①行使の目的で，公務所または公務員の印章または署名を偽造する罪である。②公印等不正使用罪は，公務所もしくは公務員の印章もしくは署名を不正に使用し，または偽造した公務所もしくは公務員の印章もしくは署名を使用する罪である。法定刑は，3月以上5年以下の拘禁刑(165条)。公印等使用罪の未遂罪を罰する(168条)。

「使用」とは，署名・印影を真正なものとして他人に対して示すことをいい，「不正に使用する」とは，権限のない者が，または権限を有する者が権限を超えて，真正に物体上に顕出された印影・印章を，その用法に従って使用することをいう。

(iv) 公記号偽造罪

本罪は，行使の目的で，公務所の記号を偽造する罪である。法定刑は，3年以下の拘禁刑（166条）。

「記号」は，印章に比べると，「公共の信用」を保護する程度が低いため，

公務所の記号のみが処罰の対象とされ，法定刑も狭義の印章のばあいより軽くなっている。

　記号と狭義の印章の区別に関して，判例は，使用の目的物を標準として，文書に押捺して証明の用に供するものが公務所の印章であり，産物，商品，書籍，什物などに押捺するものが記号であると解している（大判大3・11・4刑録20輯2008頁ほか）。しかし，証明の目的を標準として，主体の同一性を証明するのが印章で，その他の事項を証明するにすぎないものが記号であると解するのが妥当である。なぜならば，主体を表示したばあいのほうが社会的信用が高く厚い保護を受けるに値するのであり，仮にその区別を押捺される物体の違いに求めると，区別が恣意的になって妥当でないからである。

(v)　公記号不正使用罪

　本罪は，公務所の記号を不正に使用し，または偽造した公務所の記号を使用する罪である。法定刑は，3年以下の拘禁刑（166条2項）。本罪の未遂罪は罰する（168条）。

(vi)　私印等偽造罪

　本罪は，行使の目的で，他人の印章または署名を偽造する罪である。法定刑は3年以下の拘禁刑（167条1項）。

　本罪の印章は，狭義の印章に限られる。判例は記号をも含むとするが，公務所の記号のみを罰して私人の記号に関する特別規定がないので，記号は含まれないと解するのが妥当である。

(vii)　私印等不正使用罪

　本罪は，他人の印章もしくは署名を不正に使用し，または偽造した印章もしくは署名を使用する罪である。法定刑は，3年以下の拘禁刑（167条2項）。本罪の未遂罪は罰する（168条）。

⑹　不正指令電磁的記録に関する罪

⑴　総　説

　不正指令電磁的記録に関する罪は，コンピュータ・ウィルス等の不正プログラム対策のために平成23年（2011年）に刑法の一部改正により新設されたものである。保護法益は，コンピュータのプログラムか，「人がコンピュータを使用するに際してその意図に添うべき動作をさせず，またはその意図に反する動作をさせるべき不正な指令」を与えることはない，というコンピュータ・プログラムに対する公共の信用であるとされている。

⑵　不正指令電磁的記録作成等罪

　本罪は，次の2つの類型から成る。すなわち，①正当な理由がないのに，人の電子計算機における実行の用に供する目的で，人が電子計算機を使用するに際してその意図に添うべき動作をさせず，またはその意図に反する動作をさせるべき不正な指令を与える電磁的記録（1号），1号の不正な指令を記述した電磁的記録その他の記録（2号）を作成し，または提供する罪である。法定刑は，3年以下の拘禁刑または50万円以下の罰金（168条の2第1項）。②正当な理由がないのに，1項1号に掲げる電磁的記録を人の電子計算機における実行の用に供する罪である。法定刑は，3年以下の拘禁刑または50万円以下の罰金（同条2項）。本項の罪の未遂罪は，罰する（同条3項）。

　①本条1項は，コンピュータ・ウィルスやその他の記録を作成・提供する行為を処罰し，②2項は，コンピュータ・ウィルスの供用行為を罰するものである。たとえば，ソフト開発会社の社員などがウィルス対策ソフトの開発や試験の目的でコンピュータ・ウィルスを作成する行為は，「正当な理由」があるものと解されている。

⑶　不正指令電磁的記録取得等罪

　本罪は，正当な理由がないのに，前条1項の目的で，同項各号に掲げる電磁的記録その他の記録を取得し，または保管する罪である。法定刑は，2年以下の拘禁刑または30万円以下の罰金（168条の3）。

本罪の行為は，人の電子計算機における実行の用に供する目的でおこなわれるコンピュータ・ウィルスなどを取得または保管することである。

③ 公衆衛生に対する罪

社会を健全に維持し発展させるためには，「公衆の衛生」を保持させることが重要な基礎となる。そこで，刑法は，公衆の衛生に関する罪として，「あへん煙に関する罪」（第2編14章）と「飲料水に関する罪」（同15章）を規定している。

(1) あへん煙に関する罪
(i) 総　説
あへん煙に関する罪の保護法益は，あへん煙を吸食することによって害される「公衆の健康」である。あへん（阿片）は，常用すると，中毒の状態を招いて，常用者の心身を害し，ついには廃人に至らせるものである。その悪習が国民の間に蔓延するときには，公衆の健康を損ねて国民生活を頽廃させることになる。そこで，社会の発展の根本を破壊させ，派生的な弊害を多くもたらすあへん煙を，刑法は，取り締っているのである。しかし，今日においては，むしろ麻薬や覚醒剤などの濫用が重大な社会問題となっており，これに対処するために，麻薬取締法，あへん法，大麻取締法（昭23年法124号），覚醒剤取締法などが制定されている。

一方，あへん煙や麻薬などの犯罪は，国際的な規模でおこなわれることが多いため，その取締りに関して，いくつかの国際条約がある（昭3年条約9号・10号，昭10年条約4号，昭12年条約6号，昭30年条約18号，昭39年条約22号など）。

(ii) あへん煙輸入等の罪
本罪は，あへん煙を輸入し，製造し販売し，または販売の目的で所持する罪である。法定刑は，6月以上7年以下の拘禁刑（136条）。未遂罪を罰する（141条）。

(a) 客　体

本罪の客体であるあへん煙は，精製されてすぐに吸食に供し得るあへん煙膏をいい，原料である生あへんを含まない。

(b) 行　為

「輸入」とは，日本国外から日本国の領海内・領空内に搬入することをいう。「製造」とは，あへん煙膏を作り出すことをいう。「販売」とは，不特定または多数の者に有償で譲渡することをいい，その意思によるかぎり，必ずしも反覆しておこなわれる必要はなく，また，利益の有無を問わない。「所持」とは，あへん煙を事実上，支配することをいう。

(c) 目　的

「販売の目的」とは，不特定または多数の者に対して有償で譲渡しようとする意思をいう。

(iii) あへん煙吸食器具輸入罪

本罪は，あへん煙を吸食する器具を輸入し，製造し，販売し，または販売の目的で所持する罪である。法定刑は，3月以上5年以下の拘禁刑（137条）。未遂罪を罰する（141条）。

「あへん煙を吸食する器具」とは，あへん煙を吸食する目的で作られた器具をいい，煙管などが，これにあたる。

(iv) 税関職員によるあへん煙等輸入罪

本罪は，税関職員が，あへん煙またはあへん煙を吸食するための器具を輸入し，またはこれらの輸入を許す罪である。法定刑は，1年以上10年以下の拘禁刑（138条）。未遂罪を罰する（141条）。

(a) 主　体

本罪の主体は税関職員に限られるので，本罪は真正身分犯である。税関職員は，税関に勤務するすべての公務員を指すものではなく，そのうちの輸入に関する事務に従事する公務員に限られる。

⒝　行　為

本罪の行為は，輸入または輸入を許すことである。輸入許可罪は，もともと，あへん煙輸入罪とあへん煙吸食器具輸入罪の教唆または幇助にあたるのであるが，取り締る側にある者自身によっておこなわれるために独立罪としたものであるから，真正身分犯である。したがって，税関職員から許可を受けた輸入者は，許可を教唆または幇助したばあいであっても，輸入許可罪の教唆犯または幇助犯としての責任を問わない。

「輸入を許す」とは，明示の輸入の許可だけでなく，黙認のそれをも含む。

⒱　あへん煙吸食罪

本罪は，あへん煙を吸食する罪である。法定刑は，3年以下の拘禁刑（139条1項）。未遂罪を罰する（141条）。

「吸食」とは，呼吸器または消化器によってあへん煙を消費することをいい，目的のいかんを問わず，公然とおこなわれるか否かを問わない。

⒲　場所提供罪

本罪は，あへん煙の吸食のため，建物または室を提供して利益を図る罪である。法定刑は，6月以上7年以下の拘禁刑（139条2項）。未遂罪を罰する（141条）。

⒜　罪　質

本罪は，財産上の利益を得る目的で，あへん煙吸食の用に供するための場所を提供する行為を処罰するものである。

⒝　行　為

「建物または室を提供する」とは，あへん煙を吸食する場所として，建物またはその一部を提供することをいう。利欲犯や営業犯としての性格をもつとともに，あへん煙吸食の悪習の蔓延に力を貸すことになるために，あへん煙吸食罪の従犯にあたるものの中から，とくに本罪の行為を加重処罰するのである。「利益を図る」とは，財産上の利益を得る目的を有することであるが，現実に利益を得たことを必要としない。

(vii) あへん煙等所持罪

本罪は，あへん煙またはあへん煙を吸食するための器具を所持する罪である。法定刑は，1年以下の拘禁刑（140条）。未遂罪を罰する（141条）。

本罪は，販売の目的をもっておこなうばあい（136条・137条）以外のあへん煙またはあへん煙吸食器具の所持を罰するものである。

(2) 飲料水に関する罪

(i) 総 説

飲料水に関する罪の保護法益は，「公衆の健康」である。本罪は，不特定または多数の者の生命や身体に対する安全を脅かすものであるから，「公共危険罪」である。したがって，「公衆に供給する飲料の浄水」（143条・146条・147条）と異なって，142条や144条にいう「人の飲料に供する浄水」とは，不特定またはある程度の数の者の飲料に供されるものをいい，一家族の飲料に供されるようなばあいも含む。

(ii) 浄水汚染罪

本罪は，人の飲料に供する浄水を汚染し，よって使用することができないようにする罪である。法定刑は，6月以下の拘禁刑または10万円以下の罰金（142条）。

(a) 客 体

本罪の客体は，「人の飲料に供する浄水」である。不特定またはある程度の多数の者の飲用に供される浄水であることを要するので，特定の者の飲用に供する目的で，茶碗やコップなどに入れた浄水は，本罪の客体とはならない（大判昭8・6・5刑集12巻736頁）。

「浄水」とは，人の飲料に供し得る程度の水をいうが，清澄な水であることを要しない。井戸のように自然に湧出するものであると，水道のように一定の設備を有し水源から水路によって引用されたものであるとを問わない（前掲大判昭8・6・5）。

(b)　行　為

　本罪の行為は，浄水を汚染し，よってこれを使用することができないようにすることである。「汚染」とは，泥土や塵芥などを混入したり，水底を撹拌して混濁させるなどして，水の清潔な状態を失わせることをいい，一時的であると長時間にわたるとを問わない。

(iii)　水道汚染罪

　本罪は，水道により公衆に供給する飲料の浄水またはその水源を汚染し，よって使用することができないようにする罪である。法定刑は，6月以上7年以下の拘禁刑（143条）。

　「水道」とは，水を供給するために人工的な設備を施したものをいい，構造の大小，形式のいかんを問わない。自然の水流を利用したにすぎないものは除かれる。「公衆に供給する飲料の浄水」とは，不特定または多数の者に飲用として供給されるべき浄水であって，その供給するための途中にあるものをいう。「水源」とは，水道に流入すべき水で，流入前のものをいい，貯水池の水やそこに流れ込む水流などが，これにあたる。

(iv)　浄水毒物混入罪

　本罪は，人の飲料に供する浄水に毒物その他人の健康を害すべき物を混入する罪である。法定刑は，3年以下の拘禁刑（144条）。

　「毒物」とは，青酸カリや硫酸ニコチンなどのように，化学的作用によって人の健康を害するに足りる無機物をいう。「人の健康を害すべき物」は，それを飲用することによって人の健康状態を不良に変更する性質を有するいっさいの物質をいい，細菌その他種類のいかんを問わない。

(v)　浄水汚染致死傷罪，水道汚染致死傷罪，浄水毒物混入致死傷罪

　本罪は，浄水汚染罪，水道汚染罪または浄水毒物混入罪を犯し，よって人を死傷させる罪である。法定刑は，傷害の罪と比較して，重い刑による（145条）。

本罪は，浄水汚染罪・水道汚染罪・浄水毒物混入罪の「結果的加重犯」である。

⑹　水道毒物混入罪

本罪は，水道により公衆に供給する飲料の浄水またはその水源に毒物その他人の健康を害すべき物を混入する罪である。法定刑は，2年以上の有期拘禁刑（146条前段）。

⑺　水道毒物混入致死罪

本罪は，水道毒物混入罪を犯し，よって人を死亡させる罪である。法定刑は，死刑または無期もしくは5年以上の拘禁刑（146条後段）。

本罪は，水道毒物混入罪の「結果的加重犯」である。殺意があったばあいを含むか，また，殺人罪との間にどのような競合関係をみとめるべきか，が問題となる。この点につき，①殺意があるばあいも本罪に含まれるが，殺人未遂のばあいには，水道毒物混入罪と殺人未遂罪との観念的競合になるとする説と②殺意があるばあいも本罪に含まれ，殺人の既遂・未遂を問わず，本罪と殺人罪との間に観念的競合が成立するとする説や③殺意があるばあいは本罪に含まれず，水道毒物混入罪と殺人罪または殺人未遂罪との間に観念的競合の関係がみとめられるとする説が主張されている。実質的観点から見て①説が妥当であると解される。

⑻　水道損壊・閉塞罪

本罪は，公衆の飲料に供する浄水の水道を損壊し，または閉塞する罪である。法定刑は，1年以上10年以下の拘禁刑（147条）。

⒜　客　体

本罪の客体は，「公衆の飲料に供する水道」である。「公衆」とは，不特定または多数の者をいう。「浄水の水道」とは，浄水をその清浄を保持しつつ一定の地点に導く設備をいう。

⒝　行　為

「損壊」とは，水道による浄水の供給を不可能または困難にする程度に破壊することをいう。「閉塞」とは，有形の障害物で水道を遮断して，浄水の供給を不能または著しく困難にすることをいう。

④ 風俗に対する罪

⑴　総　説

　風俗に対する罪は，①「わいせつ及び重婚の罪」（第2編22章），②「賭博及び富くじに関する罪」（同23章），③「礼拝所及び墳墓に関する罪」（同24章）から成る。①は性秩序ないし健全な性的風俗，②は健全な国民の経済・勤労生活上の風俗，③は宗教的平穏および宗教感情を，それぞれ保護法益とする。いずれも社会に実在する健全・善良な風俗を保護するものであるが，①が性的生活，②が経済的生活，③が宗教的生活に関する風俗を対象としている点で異なる。

　風俗に対する罪について，立法論としての「非犯罪化論」（ディクリミナリゼーション）の見地から，本来，私的なものである個人の性的生活，経済的生活，宗教的生活に国家が強力な刑罰権でもって干渉するのは，パターナリズム・モラリズムの過度の発現であるとの批判が展開されている。すなわち，被害者が存在しない犯罪類型（「被害者なき犯罪」）は刑事罰から解放されるべきであるとして，風俗犯の「非犯罪化」・「非刑罰化」が主張されているのである。

⑵　わいせつ及び重婚の罪

⒤　総　説

　わいせつ，不同意性交等及び重婚の罪は，健全な性秩序ないし性風俗を害する犯罪である。これには次のような性質の異なる3種の類型が包含されている。すなわち，①公然わいせつ罪およびわいせつ物頒布等の罪は，健全な性風俗の保護を目的とする犯罪類型である。②不同意わいせつ罪，不同意性

交等罪，淫行勧誘罪は，性的風俗犯としての性格も有しているが，しかし，保護の客体はむしろ「個人の性的自由」である。とくに不同意わいせつ罪と不同意性交等罪は，個人的法益に対する罪として把握されるべきである。淫行勧誘罪も個人の性的情操を保護するという側面をもっているが，しかし，「健全な性的秩序ないし性風俗」を保護しようとする性格のほうが強いといえる。③重婚罪は，「健全な性的秩序」として確立されている「一夫一婦制度」を保護することを目的とする犯罪類型である。

(ⅱ)　公然わいせつ罪

　本罪は，公然とわいせつな行為をおこなう罪である。法定刑は，6月以下の拘禁刑もしくは30万円以下の罰金または拘留もしくは科料（174条）。

　本罪の行為は，公然とわいせつの行為をすることである。「公然と」とは，不特定または多数の人が認識できる状態をいう。「わいせつの行為」とは，「その行為者又はその他の者の性欲を刺激興奮又は満足させる動作であって，普通人の正常な性的羞恥心を害し善良な性的道義観念に反するもの」をいう。その行為は，普通人に性的羞恥を覚えさせるようなものであれば足り，必ずしも現実の相手方の性的羞恥心を害する必要はない。

　「行為がわいせつであるか否か」は，社会一般の性的感情・性意識を基準にして判断されるので，社会意識の変化とともに変わっていくことになる。

(ⅲ)　わいせつ物頒布等の罪

　本罪は，次の2つの類型から成る。すなわち，①わいせつな文書，図画，電磁的記録に係る記録媒体その他の物を頒布し，または公然と陳列する罪である。法定刑は，2年以下の拘禁刑もしくは250万円以下の罰金もしくは科料または拘禁刑および罰金の併科。電気通信の送信によりわいせつな電磁的記録その他の記録を頒布した者も同様とする（175条1項）。②有償で頒布する目的で，1項の物を所持し，または同項の電磁的記録を保管した者も，同項と同様である（同条2項）。

(a)　客　体

　内容が発音的符号によって表示されるものが「文書」であり，象形的方法
によって表示されるものが「図画」である。文書偽造罪における文書・図画
とは異なり，作成名義人の認識可能性は必要でない。小説・詩などが文書の
典型例であり，絵画・写真・映画・ビデオテープなどは図画に含まれる。平
成23年（2011年）の刑法の一部改正によって本罪の客体に「電磁的記録に係
る記録媒体」が追加された。これでサイバーポルノの規制が整備されること
となったのである。また，1項後段は，その他のサイバーポルノに対処する
ために追加され，電子メールにより「わいせつな電磁的記録」を添付して頒
布する行為，わいせつな図画をファックス送信する行為などの処罰が可能と
なった。さらに，処罰に関して拘禁刑と罰金の併科も可能となった。

　「その他の物」とは，文書・図画以外のものをいい，たとえば，わいせつな
状態を表わす彫刻物・置物・レコード・録音テープなどが，これにあたる。

(b)　「わいせつ」概念

　「わいせつ」とは，「徒らに性欲を興奮又は刺激せしめ且つ普通人の正常な
性的羞恥心を害し善良な性的道義に反するもの」をいう（最判昭26・5・10刑集
5巻6号1026頁）。わいせつ性の要件は，①徒らに性欲を興奮または刺激させ
ること，②普通人の正常な性的羞恥心を害すること，③善良な性的道義観念
に反すること，という3つの要素から成る。

　わいせつ概念および判断基準・判断方法によってわいせつ性の有無を判定
すると，表現の自由・学問の自由が大幅に制限されるおそれがあるとして，
わいせつ概念の拡大をチェックするために「相対的わいせつ文書」の理論が
主張されている。相対的わいせつ文書の理論とは，同じ文書であっても，当
該文書の著述者の意図・態度，著述の対象者，広告・販売方法，印刷・製本
の体裁などの付随事情によってわいせつ性を帯びたり帯びなかったりするこ
とをみとめる見解であり，ドイツのビンディングによって創唱され，わが国
では団藤博士によって再評価されてさらに発展させられている見解である。
これに対しては，批判がある。しかし，前述のとおり処罰範囲の縮小をもた
らすものとして，この理論を支持するのが妥当である。

(c) 行 為

「頒布」とは，不特定または多数の人に交付することをいう。「物」のばあいは，譲渡などの引渡し行為を意味し，電磁的記録に係る記録媒体のばあいは，相手方の記録媒体などに出現させる行為を意味する。有償無償を問わない。「公然と陳列する」とは，不特定または多数の人が観覧できる状態におくことを意味し，たとえば，映画フィルムの上映も陳列に含まれる。最高裁の判例は，不特定の者によるダウンロード操作に応じてデータ送信する配信サイトを利用した送信により，わいせつな動画等のデータファイルを海外サーバコンピュータから同人の記録媒体上に記録，保存させることは，刑法175条1項後段にいうわいせつな電磁的記録の「頒布」に当たるとしている（最決平26・11・25刑集68巻9号1053頁）。「所持」とは，わいせつ物を自己の事実上の支配下におくことをいい，必ずしも握持している必要はない。所持罪が成立するためには，「有償で頒布する目的」がなければならない。

(d) 故意の内容

わいせつ性は，規範的構成要件要素として故意の対象となる。したがって，本罪が成立するためには，行為者は客体がわいせつ物であることを認識している必要があり，その認識は，他の「規範的構成要件要素の認識」のばあいと同じように，「行為者の属する素人仲間における認識」で足りる。当該客体が本罪のわいせつ文書・図画などに該当するとの認識は必要でない。

最高裁の判例は，本罪における故意が成立するためにはわいせつ性の認識は不要であり，わいせつ性についての錯誤は「法律の錯誤」（違法性の錯誤）であると解している（前記チャタレー事件判決）。しかし，これは，規範的構成要件要素と故意の問題を看過するものであって妥当でない。

(iv) 淫行勧誘罪

本罪は，営利の目的で，淫行の常習のない女子を勧誘して姦淫させる罪である。法定刑は，3年以下の拘禁刑または30万円以下の罰金（183条）。

(a) 客 体

「淫行の常習のない婦女」とは，貞操観念に乏しく特定の個人でない者を相

手に性的生活を営んでいる女子（淫行の常習のある女子）以外の女子をいう。13歳未満の少女も淫行常習者となり得る。

(b)　行　為

「勧誘」とは，姦淫を決意するように導くいっさいの行為を意味し，その方法のいかんを問わない。

(v)　重婚罪

本罪は，配偶者のある者が重ねて婚姻をする罪である。法定刑は，2年以下の拘禁刑。その相手方となって婚姻した者も，同様とする（184条）。

「配偶者のある者」とは，法律上の婚姻関係にある者をいい，事実上の婚姻関係（内縁関係）にある者は除かれる。

「相手方となって婚姻をした者」とは，相手方が配偶者のある者と知りながらこれと婚姻した者をいい，その者に配偶者があるか否か，を問わない。

ここにいう婚姻は，法律婚に限られる。したがって，本罪は，婚姻が偽造の離婚届などによって戸籍上抹消されたが，適法に解消されないでいる間に，重ねて他の法律婚を結んだばあいなどのように，きわめて例外的に成立するにすぎない。

(3)　賭博及び富くじに関する罪

(i)　総　説

(a)　犯罪類型

賭博及び富くじに関する罪は，偶然の事情によって財物を獲得しようとする行為を処罰する。それは，「単純賭博罪」（185条），「常習賭博罪」（186条1項），「賭場開張・博徒結合罪」（186条2項）および「富くじ罪」（187条）から成る。

(b)　処罰根拠

本罪の処罰根拠は，国民の射倖心をあおるのは勤労によって財産を獲得するという健全な経済的風俗を害する点にある（最〔大〕判昭25・11・22刑集4巻11号2380頁）。これに対して，「射倖を望んで金を賭け，財産上の損害を受け

ること，あるいは他人の射倖心につけこんでその人の財産に損害を与えることを処罰すべきもの」であると解する説も主張されている。

(c) **違法性阻却**

特別法上，種々の賭博行為・富くじ行為が財政的・経済政策的などの理由から許容されるばあいが多くある（いわゆる公営賭博・宝くじなど）。たとえば，証券取引法，商品取引所法によって賭博行為が，たとえば，当せん金附証票法（宝くじ），競馬法（競馬），自転車競技法（競輪），モーターボート競走法（競艇）によって富くじ行為がそれぞれ公認されている。これらは「法令に基づく行為」としてその違法性が阻却される（35条）。しかし，このように本節の罪にあたるべき行為が大幅に正当化されると，刑法の建前と現実との間に大きなギャップが生じ，これを理由に「非犯罪化」論が有力に展開されることになる。

(ii) **単純賭博罪**

本罪は，賭博をする罪である。ただし，一時の娯楽に供する物を賭けたにとどまるときは，この限りでない。法定刑は50万円以下の罰金または科料（185条）。

(a) **行　為**

本罪の行為は，当事者において確実には予見できない事実に関して財物を賭けて勝敗を決することをいう。その勝敗は，行為者にとって主観的に不確定な事実にかかっていれば足り，客観的に不確定なものである必要はない。

(b) **違法性阻却**

一時の娯楽に供する物を賭けたばあいには，経済的価値が僅少なため可罰的違法性が欠如し，本罪は成立しない。「一時の娯楽に供する物」とは，関係者が即時娯楽のために費消するようなものをいい，有合せの茶菓などが，これにあたる。金銭は，その性質上，少額であってもこれに含まれない。

(iii) **常習賭博罪**

本罪は，常習として賭博をする罪である。法定刑は，3年以下の拘禁刑（186

条1項)。

　本罪は，常習性を理由に刑が加重されたものであるから，不真正身分犯である。「常習」とは，反覆して賭博をする習癖をいう。常習者は，上記の習癖を有していれば足り，博徒・遊び人の類である必要はない。

　常習性は行為者の属性（行為者類型）なのか，行為の属性（行為類型）なのか，が問題となる。これは，186条の法文が「常習として」賭博をするという形で常習賭博罪を規定していること，および，その刑が単純賭博罪の法定刑よりも重くなっていることの根拠の理解の相違に由来する。すなわち，「常習として」というのは，「行為」類型を表わすものと読み取れる反面，刑の加重は，「行為者」の犯罪傾向（人格傾向としての習癖）を根拠にして説明するのが容易である。法定刑の加重の実質的根拠が問題であるので，常習性は，行為者の属性であると解するのが妥当である。

(iv)　賭博場開張罪・博徒結合罪

　本罪は，賭博場を開張して利益を図り，または博徒を結合して利益を図る罪である。法定刑は，3月以上5年以下の拘禁刑（186条2項）。

　本罪の行為は，賭博場を開帳して利益を図ること，または博徒を結合して利益を図ることである。「賭博場を開張する」とは，賭博の主宰者として，その支配のもとに賭博をさせる場所を提供することをいう。「博徒」とは，常習として賭博をする者をいい，親分・子分の関係があることを要しない。博徒を「結合」するとは，みずからが中心となって博徒の間に親分・子分またはこれに類する人的関係を結び，一定の区域（縄張り）内において随時に賭博をおこなう便宜をこれに提供することを意味する。

　「利益を図る」の意義は，賭場開張罪のばあいと同じである。

(v)　富くじ発売罪・富くじ発売取次罪・富くじ授受罪

　本罪は，次の3つの類型から成る。すなわち，①「富くじを発売する罪」。法定刑は2年以下の拘禁刑または150万円以下の罰金（187条1項）。②「富くじを取り次ぐ罪」。法定刑は，1年以下の拘禁刑または100万円以下の罰金

（同条2項）。③「富くじを授受する罪」。法定刑は，20万円以下の罰金または科料（同条3項）。

(a) 客 体

「富くじ」とは，一定の発売者が予め番号札を発売して購買者から金銭その他の財物を集め，その後，抽せんその他の偶然的方法によって（当せん者だけが利益を得るというようなかたちで）その購買者の間に不平等な利益を分配することをいう。偶然の事情によって財物の得喪が決まる点においては，賭博も富くじも同じであるが，賭博のばあいには当事者の全員が財物得喪の危険を負担し，富くじのばあいには購買者だけがその危険を負担し発売者はこれを負担しない点で，両者は異なる。

(b) 行 為

「発売」とは，自己の計算において富くじを発行し売却することをいい，「取次ぎ」とは，発売者と購買者の中間にあって，売却方の周旋をすることをいい，「授受」とは，発売・取次ぎを除く富くじの所有権を移転するいっさいの行為をいう。

(4) 礼拝所及び墳墓に関する罪

(i) 総 説

礼拝所及び墳墓に関する罪の保護法益は，「宗教的生活における善良な風俗ないし国民の宗教感情」であって，宗教または宗教上の信仰それ自体ではない。本罪は，個々の宗教の内容には触れずに，現実に存在する健全な宗教感情を一般的に保護するものであるから，憲法20条が保障する「信教の自由」を侵害するのではなくて，むしろ間接的にこれを保護しているのである。

本罪は，①宗教的感情それ自体を保護する類型と，②死体に対する敬虔感情を保護する類型を含んでいる。「礼拝所不敬罪」（188条1項），「説教等妨害罪」（188条2項），「墳墓発掘罪」（189条）が①に属し，「死体等損壊・遺棄罪」（190条）が②に属し，「墳墓発掘死体等損壊・遺棄罪」（191条）は①と②が結合されたものである。

行政上の取締りを目的とする行政犯にすぎない「変死者密葬罪」（192条）

は，死体に関係を有するため，便宜上，ここに規定されている。

(ii)　礼拝所不敬罪

　本罪は，神祠，仏堂，墓所その他礼拝所に対し，公然と不敬な行為をおこなう罪である。法定刑は，6月以下の拘禁刑または10万円以下の罰金（188条1項）。

(a)　客　体

　「礼拝所」とは，宗教的な崇敬の対象となる場所をいい，宗派・礼拝の形式のいかん，規模の大小を問わない。例示されている「神祠，仏堂」とは，それぞれ神道の神または仏教の仏を祭って礼拝の対象となっている施設をいい，「墓所」とは，人の死体・遺骨を埋葬・安置して死者を祭祀する場所で宗教的な崇敬の対象となっているものをいう。「その他の礼拝所」とは，神道・仏教以外の宗教の「教会」などのような宗教的礼拝の対象となっている施設・場所を意味する。

(b)　行　為

　本罪の行為は，公然と不敬な行為をおこなうことである。「公然と」とは，不特定または多数の人が認識できる状態をいう。「不敬な行為」とは，礼拝所の尊厳または神聖を侵害する行為をいう。たとえば，侮辱的言辞を浴びせたり，神体などに汚物を投げつけ，あるいは落書きしたり，仏殿に土足で上り込んだりすることなどが，これにあたる。

(iii)　説教等妨害罪

　本罪は，説教，礼拝または葬式を妨害する罪である。法定刑は，1年以下の拘禁刑または10万円以下の罰金（188条2項）。

　本罪の行為は，説教，礼拝または葬祭を妨害することである。「説教」とは，宗教上の教義を他人に説き聞かせることをいい，「礼拝」とは神仏などに対する宗教心を表明する動作をいい，「葬式」とは死者を葬るための儀式をいう。

(iv) 墳墓発掘罪

本罪は，墳墓を発掘する罪である。法定刑は2年以下の拘禁刑（189条）。

(a) 客 体

「墳墓」とは，人の死体，遺骨，遺髪などを埋葬して死者を祭祀または記念する場所をいう。すでに祭祀・礼拝の対象とされていない古墳は，本条にいう墳墓にはあたらない。

(b) 行 為

「発掘する」とは，墳墓の覆土の全部もしくは一部を除去し，または墓石などを破壊解体して墳墓を損壊する行為をいい，必ずしも墳墓内の棺桶，遺骨，死体などを外部に露出させることを必要としない。この立場は「覆土除去説」といわれる。

(v) 死体等損壊・遺棄罪

本罪は，死体，遺骨，遺髪または棺に納めてある物を損壊し，遺棄し，または領得する罪である。法定刑は3年以下の拘禁刑（190条）。

(a) 客 体

「死体」とは，死亡した人の身体をいい，すでに人体の形を備えている死胎や死体の一部またはその内容をなしている内部臓器・脳漿などを含む。「遺骨・遺髪」とは，死者を祭祀または記念するために保存し，または保存すべき骨骸・頭髪をいう。「棺に納めてある物」とは，祭祀・礼拝・記念の直接の対象である死体・遺骨または遺髪とともに棺内に置かれた副葬品をいう。

(b) 行 為

「損壊する」とは，死体などを物理的に損傷破壊することをいい，死体の単なる陵辱（屍姦）は含まれない。「遺棄する」とは，習俗上の埋葬とはいえない方法で死体などを放棄することである。これは，死体などを現在地から他の場所に移転して放棄するばあいだけでなく，不作為による放棄（つまり，放置）をも含むので，死体を埋葬する義務を有する者が，埋葬の意思なく死体を放置してその場所から退去するばあいも，遺棄にあたる。

「領得」とは，不法に死体などの占有を取得することをいい，その方法に制

限はない。

⑹　墳墓発掘死体等損壊・遺棄罪

　本罪は，189 条の墳墓発掘罪を犯して，さらに死体，遺骨，遺髪または棺
に納めてある物を損壊，遺棄または領得する罪である。法定刑は，3 月以上
5 年以下の拘禁刑（191 条）。

　本罪は，墳墓発掘罪（189 条）と死体等損壊・遺棄罪（190 条）との結合犯で
ある。本罪は，不法に墳墓を発掘したうえで死体などを損壊・遺棄または領
得する行為を重く処罰するものである。

⑺　変死者密葬罪

　本罪は，検視を経ないで変死者を葬る罪である。法定刑は，10 万円以下の
罰金または科料（192 条）。

　判例は，「変死者」を「不自然なる死亡を遂げ其死因の不明なる者」と解し
ているが（大判大 9・12・24 刑録 26 輯 1437 頁），しかし，これでは「不自然死の
疑いのあるもの」と「犯罪死であることの明瞭なもの」とが除外され，その
範囲が明らかに狭すぎる。そこで，「変死者」とは，犯罪を死因とする死体ま
たは死因不明の不自然死による死体もしくはその疑いのある死体をいうと解
すべきである。

第5章　国家的法益に対する罪

1　総　説

　国家的法益に対する罪は，刑法上，直接，保護の対象とされている利益の主体が国家である犯罪を意味する。つまり，それは，国家自体の法益に向けられた攻撃を内容とする犯罪類型であり，このばあいの国家とは，日本国を意味する。

　これらの犯罪は，国家の存立に対する罪と国家の作用に対する罪から成る。

　地方公共団体の作用は，厳密には「国家」の作用とはいえないが，広義においては国家作用の一部と解することができるので，国家の作用に含まれるものと考えてよいのである。本書においては，とくに断わらないかぎり，国家の作用は地方公共団体の作用を含むこととする。

2　国家の存立に対する罪

(1)　総　説

　国家は，その存立を保全するためには，内部の秩序の維持と外部に対する安全の保護に留意しなければならない。そこで，刑法は，国家の存立に対する罪として，国家の内部的秩序に対する罪である「内乱に関する罪」(第2編2章)と，外部的安全に対する罪である「外患に関する罪」(同3章)とを規定している。国家の存立は，きわめて重要な意味をもっているので，国家の存立に対する罪が各則の冒頭に規定されている。

　その本質は，国家に対する行為者の「誠実義務の違反」にあるが，行為は，政治的な確信に基づく非破廉恥な性格を帯びるため，処遇上，犯罪者の名誉

を重んずるという観点から，内乱に関する罪については，これまで「名誉拘禁としての禁錮刑」のみが法定されていたが，懲役刑と禁錮刑の一本化により拘禁刑が定められている。

⑵　内乱に関する罪

ⅰ　総　説

　内乱に関する罪は，「国家の内部的秩序」を崩壊させることによって，その存立を脅かす犯罪である。内乱が成功して新秩序が形成されると，内乱罪を処罰できないことになるので，本罪は，侵害犯ではなく，「危険犯」の形式でしか規定し得ない性質の犯罪である。

　刑法は，保護主義の見地から，犯人が何びとであるかを問わず，国外犯をも処罰するものとしている（2条2号）。内乱に関する罪は，狭義の「内乱罪」（77条），「内乱予備・陰謀罪」（78条），「内乱幇助罪」（79条）から成る。

ⅱ　内乱罪

　本罪は，国の統治機構を破壊し，またはその領土において国権を排除して権力を行使し，その他憲法の定める統治の基本秩序を壊乱することを目的として暴動をおこなう罪である。法定刑は，次のように行為者を区別し，それぞれ異なる刑を科している（77条1項）。①首謀者は，死刑または無期拘禁刑，②謀議に参与し，または群衆の指揮をした者は，無期または3年以上の拘禁刑，その他諸般の職務に従事した者は1年以上10年以下の拘禁刑，③付和随行し，その他単に暴動に参加した者は，3年以下の拘禁刑。前項の罪の未遂罪は，罰する。ただし，③に記載した者については，この限りでない（同条2項）。

⒜　主　体

　本罪は，「必要的共犯」の1種としての「多衆犯」であるので，主体は，多数者でなければならず，しかもそれは，77条に規定する目的を達成させるのに十分な程度の多数者でなければならない。「首謀者」とは，暴動の主謀統率者をいい，「謀議参与者」とは，首謀者の参謀役として，暴動の計画に加わっ

た者をいい,「群衆指揮者」とは,現に暴動に参加した群衆を指揮する者をいう。「その他諸般の職務に従事した者」とは,上記の3者以外の者で,これらの者の統制に服しながら,暴動に関して,一定の責任のある地位を占める者をいい,「付和随行者その他単に暴動に参加した者」とは,暴動のおこなわれるのを知って,これに付和雷同的に参加し,暴動の勢力を増大させた者をいう。

(b)　行　為

本罪は,本条記載の目的で暴動をおこなうことである。「暴動」とは,内乱の目的を遂げるのに相当な規模の暴行・脅迫をおこなうことをいう。暴動といえるためには,多数の者が結合して暴行・脅迫をおこない,少なくても一地方の平穏を害する程度に至ることが必要である。暴行・脅迫は,最広義のそれを意味する。

(c)　目　的

本罪は,目的犯である。「国の統治機構を破壊する」とは,日本国の政治的基本組織を不法に破壊することをいい,その例として,「政府の転覆」と「邦土の僭取」があげられている。「政府の転覆」とは,個々の内閣の打倒ではなく,行政組織の中枢である内閣制度自体を破壊することをいい,「邦土を僭窃する」とは,日本国の領土を占拠して,その領土主権の一部または全部を排除することをいう。

(d)　故　意

本罪の主観的要件として,内乱の目的のほかに,内乱の故意が必要である。本罪は多衆犯であるから,故意の内容は,集団としての多数者に加わる意思とその集団の一員として行動する意思から成る。

(iii)　内乱予備・陰謀罪

本罪は,内乱の予備または陰謀をおこなう罪である。法定刑は,1年以上10年以下の拘禁刑(78条)。暴動に至る前に自首したときは,その刑を免除する(80条)。

(a)　行　為

「内乱の予備」は，内乱を計画して，その実行を準備することをいう。たとえば，武器，弾薬，糧食の調達や同志の募集などが，これにあたる。「内乱の陰謀」とは，2人以上の者の通謀で，内乱の実行の内容に関する合意をいう。

(b)　自　首

自首による刑の免除の規定は，暴動を未然に防ぐために政策的に設けられたものである。

(iv)　内乱幇助罪

本罪は，兵器，資金もしくは食糧を供給し，またはその他の行為により前2条の罪（内乱罪，内乱未遂罪，内乱予備・陰謀罪）を幇助する罪である。法定刑は，7年以下の拘禁刑（79条）。暴動に至る前に自首したときは，その刑を免除する（80条）。

本罪は，内乱の幇助行為を「独立罪」としたものであるから，幇助に関する刑法総則の規定（62条・63条）は，適用されない。幇助は，内乱の集団の外から実行や予備・陰謀を容易にするような援助を与えることである。幇助をした者は，すべて，本罪の法定刑の範囲内で処罰されるのであって，77条1項各号の法定刑に照らして減軽処罰されるのではない。

「兵器」とは，暴動に用いるべき兵器や弾薬をいい，「資金・食糧」とは，軍資金や兵糧をいい，「その他の行為」は，これらに準ずるものを指し，陰謀の場所の提供や暴動に便益を与える図面の供与などが，これにあたる。

(3)　外患に関する罪

(i)　総　説

外患に関する罪は，祖国に対する国民の「裏切り行為」を内容としているので，自由刑としては，これまで名誉刑としての禁錮ではなく懲役刑が法定されていたが，法改正により拘禁刑が定められている。保護法益は，「国家の対外的存立」である。外国人の国外犯も罰処される（2条3号）。

刑法は，「外患誘致罪」（81条），「外患援助罪」（82条），それらの罪の「未遂

罪」（87 条）および「外患予備・陰謀罪」（88 条）を規定している。

(ii)　外患誘致罪

本罪は，外国と通謀して，日本国に対して武力を行使させる罪である。法定刑は，死刑（81 条）。本罪の未遂罪は，罰する（87 条）。

(a)　行　為

本罪の行為は，外国と通謀して日本国に対して武力を行使させることである。「外国」とは，外国政府をいい，外国人の私的団体を意味しない。「通謀する」とは，外国の政府と意思の連絡をおこなうようにすることをいう。「武力を行使させる」とは，軍事力を用いてわが国の安全を侵害することをいい，外国の軍隊のわが国土内への侵入やわが国土に対する砲爆撃などが，これにあたる。

(b)　既　遂

外国による武力の行使が現実にあった時に，既遂となる。

(iii)　外患援助罪

本罪は，日本国に対して外国から武力の行使があったときに，これに加担して，その軍務に服し，その他これに軍事上の利益を与える罪である。法定刑は，死刑または無期もしくは 2 年以上の拘禁刑（82 条）。本罪の未遂罪は，罰する（82 条）。

行為の状況として，日本国に対して外国による武力の行使がおこなわれているときが，要求されている。直接，戦闘に参加しなくても，「軍務に服し」といえる。「その他軍事上の利益を与える」とは，外国のおこなう武力の行使に有利となるような有形・無形の方法を供与するいっさいの行為をいい，武器・弾薬・糧食などの資給・運搬，軍事情報の提供などが，これにあたる。

(iv)　外患予備・陰謀罪

本罪は，外患誘致罪（81 条）および外患援助罪（82 条）の予備または陰謀をおこなう罪である。法定刑は，1 年以上 10 年以下の拘禁刑（88 条）。

③ 国家の作用に関する罪

(1) 総　説

　刑法は，国の立法，司法，行政の各作用が円滑かつ公正に実施されること
を保護するために，「公務の執行を妨害する罪」（第2編5章），「逃走の罪」（同
6章），「犯人蔵匿及び証拠隠滅の罪」（同7章），「偽証の罪」（同20章），「虚偽
告訴の罪」（同21章），および「汚職の罪」（同25章）を規定している。国の作
用を現実に実施し運営するのは公務員であるから，国の作用に対する罪は公
務員に対する加害行為か，公務員による加害行為かのいずれかであり，前者
は「公務に対する犯罪」，後者は「公務における犯罪（公務員犯罪）」と称され
る。

(2) 公務員および公務所の意義

(i) 公務員

　公務員とは，「国又は地方公共団体の職員その他法令により公務に従事す
る議員，委員その他の職員をいう」とされている（7条1項）。

　公務員といえるためには，法令により公務に従事する者でなければならな
い。「法令」とは，法律・命令・条例をいう。法令に根拠を有する訓令・内規
の類もここにいう「法令」に含まれる。公務員は，「公務」に従事する者でな
ければならない。「公務」とは，国または地方公共団体の事務をいう。

　「議員」とは，国または地方公共団体の意思決定機関である合議体の構成員
をいい，衆・参両議院の議員，地方公共団体の議会の議員をいう。「委員」と
は，法令に基づき任命，選挙，嘱託によって一定の事務を委任される非常勤
の者をいい，各種審議会委員，教育委員，農業委員などが，これにあたる。
「職員」とは，法令上の根拠に基づいて国または地方公共団体の機関として公
務に従事する者をいう。

(ii)　みなし公務員

特別法上,「公務に従事する職員」とみなされる者がある。これらの者は,刑法7条によって刑法との関係においては公務員として扱われるので,「みなし公務員」または「準公務員」とも呼ばれる。たとえば,日本銀行の任命委員・職員（日銀13条の4第4項, 19条1項, 経罰1条, 外為法69条3項）, 住宅営団・農地開発営団・地方食糧営団・交易営団・復興金融金庫の職員（経罰1条）, 準起訴手続における指定弁護士（刑訴268条3項）などが, これにあたる。

(iii)　公務所

公務所とは,「官庁その他公務員が職務を行う所をいう」とされる（7条2項）。「公務員」のなかには, みなし公務員も含まれる。「職務を行う所」とは, 有形の場所または建造物ではなく, 制度としての官公署その他の組織体または機関をいう。

(3)　公務の執行を妨害する罪

(i)　総　説

公務の執行を妨害する罪の保護法益は,「公務」, つまり「国または地方公共団体の作用」である。公務執行妨害に関して刑法は, 公務を私人の業務より厚く保護している。その根拠は, 国民主権主義のもとにおいて公務は, 主権者である国民の総意に由来するものであり, その円滑かつ公正な運用が国民の幸福追求にとって不可欠であることに求められる。国または公共の利益と個人の利益の調和を目指しつつ, 公務執行の円滑・公正を図る必要がある。

刑法は,「公務執行妨害罪」（95条1項）,「職務強要罪」（同条2項）,「封印等破棄罪」（96条）,「強制執行妨害目的財産損壊等罪」（96条の2）,「強制執行行為妨害等罪」（96条の3）,「強制執行関係売却妨害罪」（96条の4）,「加重封印等破棄等罪」（96条の5）,「公契約関係競売等妨害罪」（96条の6）の各罪を規定している。

(ii)　公務執行妨害罪

本罪は，公務員が職務を執行するに当たり，これに対して暴行または脅迫を加える罪である。法定刑は，3年以下の拘禁刑または30万円以下の罰金（95条1項）。

(a)　保護の客体

本罪の保護の客体は，「公務」それ自体であるが，行為の客体は公務員である。みなし公務員も含まれる。

(b)　行　為

(α)　職務を執行するに当たり　本罪の行為は，公務員が職務を執行するに当たり，これに対して暴行または脅迫を加えることである。それは，「職務を執行するに当たり」という状況にあるときになされることを要する。「職務」については，権力的公務ないし非現業的公務に限るべきであると考える。しかし，判例・通説は，公務のすべてを含むと解している。判例・通説によると，本罪の保護法益は，公務員の職務行為の円滑な実施であるので，非権力的公務ないし現業的公務も公務である以上，それを本罪から除外するいわれはないとされる。

「執行するに当り」とは，職務を執行する際に，という意味である。まさに職務に着手しようとしているばあいはもとより，職務によっては待機中のばあいも含まれる。職務の執行は，適法であることを要する。この要件は，刑法に明示されていないが，違法な公務員の行為まで保護すると，公権力への絶対服従を要求することとなって，法治国思想の見地からは，不都合な結果となるので，解釈上，本罪の成立にとってこの要件は必要なのである。

(β)　職務行為の適法性　「職務行為の適法性」は，構成要件要素である。これに対して，これを違法要素と解する見解もあるが，違法な公務員の行為は，およそ職務の執行とはいえず，それに対する妨害行為は，そもそも公務執行妨害罪の構成要件に該当しないので，この見解は不当である。職務行為の適法性は，「規範的構成要件要素」である。

職務執行が適法であるといえるためには，①当該行為がその行為をした公務員の抽象的職務権限に属すること，②当該公務員がその職務行為をおこな

う具体的職務権限を有すること，③その職務の執行を有効にする法律上の重要な要件または方式を履践していること，の3つの要件を具備する必要がある。

　公務員の職務行為の「適法性の判断基準」について，公務員が真実その職務の執行と信じてこれをおこなったかどうか，によって定めるべきであるとする「主観説」（大判昭7・3・24刑集11巻296頁），裁判所が法令の定める要件に従いながら客観的に定めるべきであるとする「客観説」（最決昭41・4・14判時449号64頁），一般人の見解を基準として定めるべきであるとする「折衷説」（大判大7・5・14刑録24輯605頁）が対立している。主観説をとると，抽象的職務権限さえみとめられれば適法となってしまい，実質上，職務行為の適法性の要件を不要であるとする結果となり，妥当でない。裁判所が法律の定める要件に従いながら客観的に職務行為の適法性を判断すべきであるとする客観説は，行為者および一般人の見地をまったく排除する点で妥当でない。客観説は，さらに，適法性は行為後の事情も含めて，事後的に純客観的な立場から判断すべきであるとする「純客観説」（裁判時標準説）と行為当時の状況に基づいて客観的・合理的に判断すべきであるとする「行為時標準説」に分かれている。折衷説は，社会通念によって適法・違法を定めるべきであるとするが，社会通念の内容が不明確であるから妥当でないと批判される。しかし，刑法の「行為規範性」の観点からは，社会通念によるべきであるので，折衷説が妥当である。職務行為の適法性の要件は，当該執行行為が職務行為として法律上，みとめられるかどうか，の問題であるから，「行為当時の状況」に基づいて「一般人」を基準にして判断されるべきであって，裁判時に判明した事後的な事情までも考慮するのは，「公務の保護」を不当に軽視するものである。したがって，行為時を標準として判断されるべきである。

　（γ）　**暴行・脅迫**　本罪の行為は，暴行または脅迫を加えることである。暴行・脅迫は，本罪の性質上，「職務執行の妨害となるべき程度のものであることを要し，かつ，それで足りる。したがって，職務執行を妨害するに足りる程度の暴行」であるかぎり，直接的に公務員の身体に対して加えられる必要はなく，公務員に向けられた暴行で足りるのであり（広義の暴行），公務員の

職務の執行に密接不可分な関係において関与する補助者に加えられる暴行も
これに含まれる。

　物に対して加えられる有形力が，間接的に公務員の身体に物理的に影響を
与えるばあいも，本罪にいう暴行にあたる（間接暴行）。たとえば，差し押さ
えて自動車に積み込んだ密造酒入りの容器を鉈で破壊し，内容物を流失させ
た行為のようなものが，間接暴行にあたる。

(c) 適法性の錯誤

　「職務執行の適法性の錯誤」の取扱いについて，事実の錯誤として故意を阻
却すると解する「事実の錯誤説」，違法性の錯誤と解する「違法性の錯誤説」
および事実の錯誤と違法性の錯誤の2つのばあいがあるとする「二分説」が，
それぞれ主張されている。このばあい，公務員の職務行為についての意味の
認識（公務員の職務行為にあたるという認識）について錯誤があるときは，事実の
錯誤として故意を阻却するが，公務員の職務行為としておこなわれていると
いう「素人的認識」がありながら，それが違法におこなわれていると誤信し
て暴行・脅迫を加えたのであれば違法性の錯誤となり，責任が阻却されるば
あいがあり得ることになると解するのが妥当である。判例は，違法性の錯誤
説の立場に立ち，故意を阻却しないと解している。

(iii) 職務強要罪・辞職強要罪

　本罪は，公務員に，ある処分をさせ，もしくはさせないため，またはその
職を辞させるために，暴行または脅迫を加える罪である。法定刑は，3年以
下の拘禁刑もしくは50万円以下の罰金（95条2項）。

　公務執行妨害罪（狭義）が職務の現実の執行に向けられる罪であるのに対し
て，本罪は，公務員の将来の職務執行に向けられる罪である。本罪は，公務
執行妨害罪の補充的な犯罪であり，一定の目的を必要とする「目的犯」であ
る。

(iv) 封印等破棄罪

　本罪は，公務員が施した封印もしくは差押えの表示を損壊し，またはその

他の方法によりその封印もしくは差押えの表示による命令もしくは処分を無効にする罪である。法定刑は，2年以下の拘禁刑または20万円以下の罰金（96条）。

(a) 客　体

「封印」とは，物に対する任意の処分を禁止するために，公務員がその動産・不動産に施した封緘その他これに準ずる設備をいう。「差押えの表示」とは，公務員が，職務上，保全すべき物に対し占有を取得する強制処分（差押え）をするにあたり，占有取得を明示するために施す封印以外の表示をいう。「差押え」とは，公務員が物の占有を強制的に自己の占有に移す処分をいい，民事執行法による差押え（民執122条以下），仮差押え，執行官保管の仮処分（同法177条以下），国税徴収法による差押え（税徴47条以下），刑事訴訟法に基づく証拠となるべき物の差押え（刑訴107条以下）などが，これにあたる。「命令」は，裁判所によるものを意味し，「処分」は執行官その他の公務員によるものを意味する。

(b) 行　為

本罪の行為は，上記の客体を損壊または表示による命令・処分を無効にすることである。「損壊する」とは，封印または差押えの表示を物理的に毀損，破壊または除去して，その事実上の効力を減殺・減却することをいう。「その他の方法で無効にする」とは，封印・差押えの表示自体を物理的方法で無効にしないで，その事実上の効力を減殺・減却することをいい，法律上の効力を失わせるという意味ではない。

(v) 強制執行妨害目的財産損壊等罪

本罪は，次の3つの類型から成る。すなわち，強制執行を妨害する目的で，①強制執行を受け，もしくは受けるべき財産を隠匿し，損壊，もしくはその譲渡を仮装し，または債務の負担を仮装する罪（96条の2第1号），②強制執行を受け，または受けるべき財産について，その現状を改変して，価格を減損し，または強制執行の費用を増大させる罪（同条第2号），③金銭執行を受けるべき財産について，無償その他の不利益な条件で，譲渡をし，または権利の

設定をする罪（同条第3号）。法定刑は，3年以下の拘禁刑もしくは250万円以下の罰金，またはこれを併科する。情を知って，第3号に規定する譲渡または権利の設定の相手方となった者も，同様とする。

(a)　保護法益

本罪の保護法益は，「強制執行の適正な運用」である。

(b)　行　為

本罪の行為は，強制執行目的財産の隠匿，損壊や譲渡したり，債券を仮装したりして，強制執行を妨害することである。「隠匿する」とは，財産の発見を不能または困難にすることをいう。持ち去るなどの物理的方法によるばあいのほか，自己の所有物を他人の所有物と偽るなどして，所有関係を不明にする行為も，隠匿にあたる。「損壊する」とは，財産を破壊し，またはその価値を減少させ，もしくは滅失させることをいう。

「譲渡を仮装する」とは，真実譲渡する意思がないのに相手方と通謀して表面上，譲渡がなされたように見せかけ，有償または無償で財産の所有名義を変更することをいう。「債務の負担を仮装する」とは，存在しない債務を負担したように装うことをいう。

(c)　第2号・第3号の罪

第2号の罪は，強制執行を受け，または受けるべき財産の現状を変化させて価格を減少させ，または強制執行の費用を増大させて強制執行の費用倒れをもたらす行為を内容とする。第3号の罪は，金銭執行を受けるべき財産について不利益な条件で譲渡または権利設定をすることによって引当財産を減少させる行為を内容としている。譲渡または権利設定の相手方も，処罰される。本罪は，必要的共犯である。

(vi)　強制執行行為妨害等罪

本罪は，次の2つの類型から成る。すなわち，①偽計または威力を用いて，立入り，占有者の確認その他の強制執行の行為を妨害する罪。法定刑は，3年以下の拘禁刑もしくは250万円以下の罰金，またはこれを併科する（96条の3第1項）。②強制執行の申立てをさせず，またはその申立てを取り下げさ

せる目的で，申立権者またはその代理人に対して暴行または脅迫を加えた者も，1項と同様である（同条2項）。

本罪は，強制執行を妨害する行為のうち，人に対するものを対象としている。第1項の罪は，執行官などに対して，偽計または威力を用いて対象物件への立入りや占有者の確定を妨害する行為を内容とし，第2項の罪は，申立権者またはその代理人に対して，強制執行の申立てをさせず，または申立てを取り下げる目的で暴行または脅迫を加える行為を内容とする。

(vii) 強制執行関係売却妨害罪

本罪は，偽計または威力を用いて，強制執行においておこなわれ，またはおこなわれるべき売却の公正を害すべき行為をする罪である。法定刑は，3年以下の拘禁刑もしくは250万円以下の罰金，またはこれを併科する（96条の4）。

(a) 保護法益

保護法益は，「強制執行における売却の公正」である。

(b) 行　為

本罪は，偽計または威力を用いて，強制執行においておこなわれ，またはおこなわれるべき売却の公正を害すべき行為を内容としている。「公正を害すべき行為」とは，強制執行における売却が参加者の公正かつ自由な競争によっておこなわれることを阻害するおそれのある行為をいうとされる。強制執行関係の談合は，偽計を用いた売却の公正を害する行為として本罪を構成すると解されている。

(viii) 加重封印等破棄等罪

本罪は，報酬を得，または得させる目的で，人の債務に関して，封印等破棄罪（96条），強制執行妨害目的財産損壊等罪（96条の2），強制執行行為妨害等罪（96条の3），強制執行関係売却妨害罪（96条の4）を犯す罪である。法定刑は，5年以下の拘禁刑もしくは500万円以下の罰金，またはこれを併科する（96条の5）。

本罪は，96条から96条の4までの罪を「報酬を得，または得させる目的」
で犯したばあいに刑が加重される加重類型である。「人の債務に関して」なさ
れることが要件とされているので，債務者自身は行為主体となり得ない。

(ix)　公契約関係競売等妨害罪

本罪は，偽計または威力を用いて，公の競売または入札で契約を締結する
ためのものの公正を害すべき行為をする罪である。法定刑は，3年以下の拘
禁刑もしくは250万円以下の罰金，またはこれを併科する（96条の6第1項）。

(a)　保護法益

本罪は，国または公共団体が実施する「競売または入札の公正」を保護法
益とする犯罪である。

(b)　行　為

本罪の行為は，公契約関係競売等を偽計または威力を用いて公正を害すべ
き行為をすることである。「公の競売又は入札」とは，国または公共団体（地
方公共団体など）の権限ある機関が実施する競売または入札をいう。「競売」と
は，売主が，2人以上の者に口頭で買受け条件の申込みを促し，最高価額の
申込みをした者に承諾を与えて売買することをいい，最も有利な条件で申込
みをした者を競落者という。民事執行法によるせり売り，国税徴収法による
公売，会計法・地方自治法によるせり売りなどが公の競売である。「入札」と
は，競争契約について，2人以上の参加者のうち最も有利な申込みをした者
を相手方として契約するために，文書によってその申込みの意思表示をさせ
ることをいい，最も有利な条件で申込みをした者を落札者という。公の競売
または入札は適法におこなわれることを必要とする。

「偽計」を用いるとは，人の判断を誤らせる術策を用いることをいう。たと
えば，入札の際，入札者に落札額を通報することなどが，偽計にあたる（最
決昭37・2・9刑集16巻2号54頁）。「威力」を用いるとは，人の自由意思を抑圧
するような力を用いることをいう。たとえば，暴行・脅迫を加えることはも
とより，職権を濫用したり，地位・権勢を利用して抑圧するばあいも含む。

「公正を害すべき行為」とは，公の競売・入札に不当な影響を及ぼし得る行

為をいう。談合も公正を害すべき行為であるが，2項に規定されているため本罪の行為からは除外される。

(x)　談合罪

本罪は，公正な価格を害し，または不正の利益を得る目的で，談合する罪である。法定刑は，3年以下の拘禁刑もしくは250万円以下の罰金に処せされ，またはこれが併科される（96条の6第2項）。

(a)　行　為

本罪の行為は，下記の目的で談合することである。「談合」とは，競売・入札に加わる者が通謀して，特定の者を競落者，落札者とするために，一定の価格以下または以上に入札または付け値しないことを協定することをいう。競争に加わる者の通謀が必要であるから，本罪は必要的共犯である。

(b)　目　的

「公正な価格」とは，競売・入札において公正な自由競争によって形成されるであろう落札価格をいう。公正な価格を「害する目的」とは，上記の価格を引き下げ，または引き上げる目的をいう。「不正の利益」とは，不正な談合によって得る金銭その他の経済的利益をいう。

(4)　逃走の罪

(i)　総　説

逃走の罪の保護法益は，刑事司法の手続きに基づき，国家機関が一定の者の身体の自由を拘禁する作用である。逃走の罪には，拘禁された者がみずから逃走する類型として，「単純逃走罪」（97条）および「加重逃走罪」（98条）があり，第3者が拘禁された者を逃走させる類型として，「被拘禁者奪取罪」（99条），「逃走援助罪」（100条）および「被拘禁者解放罪」（101条）がある。

刑法は，被拘禁者の自己逃走を処罰するばあいを限定し，第3者の奪取・援助よりも軽い刑を規定しているので，被拘禁者が自己の逃走のために，第3者に対して奪取・援助などをなすべきことを求めたばあい，その共犯（60条以下）として処罰されるべきではない。

(ii)　単純逃走罪

　本罪は，裁判の執行により拘禁された既決または未決の者が逃走する犯罪である。法定刑は，1年以下の拘禁刑（97条）。本罪の未遂罪は，罰する（102条）。

(a)　主　体

　本罪の主体は，裁判の執行により拘禁された既決または未決の者に限られるので，本罪は「身分犯」である。「既決の者」とは，確定判決を受けて自由刑（拘禁刑・拘留刑）の執行として拘禁されている者，または死刑が執行されるまで拘置されている者をいう。「未決の者」とは，裁判の確定前に，刑事手続きによって拘禁されている者（起訴前勾留の被疑者・起訴後勾留の被告人）をいう。

(b)　行　為

　「逃走する」とは，適法な拘禁状態から不法に離脱することをいう。

(c)　未遂・既遂

　逃走行為は，拘禁作用の侵害が開始された時に，実行の着手がみとめられ，看守者の事実上の支配を完全に離脱した時に，既遂となる。

(iii)　加重逃走罪

　本罪は，裁判の執行により拘禁された既決もしくは未決の者，または勾引状の執行を受けた者が，拘禁場もしくは拘束のための器具を損壊し，もしくは暴行もしくは脅迫をし，または2人以上通謀して逃走する罪である。法定刑は，3月以上5年以下の拘禁刑（98条）。本罪の未遂罪は，罰する（102条）。

(a)　主　体

　本罪の主体は，裁判の執行により拘禁された既決または未決の者のほか，勾引状の執行を受けた者である。「勾引状の執行を受けた者」とは，正当の理由もなく出頭しないばあいに勾引された証人（民訴278条，刑訴152条）のほか，未決の者にあたらない者，つまり逮捕状によって逮捕された者，収監状・勾留状の執行を受けていまだ収監手続きが完了していない収監前の者などを含む。「拘禁場」は，刑事施設（刑務所と拘置所をいう），警察の留置施設（留置場）

などのように，被拘禁者を拘束するために使用される場所・施設をいい，「拘束のための器具」とは，身体の自由を拘束するための器具，たとえば手錠，捕縄などをいう。

(b) 行 為

本罪の行為は，拘束場・拘束器具を損壊し，暴行・脅迫をし，または通謀して逃走することである。「損壊する」とは，物理的に破壊することをいい，たとえば，刑事施設の窓枠を金切鋸で切断したり，留置場の板壁に穴をあけたり，また，拘置所監房の錠を損壊したり，手錠，捕縄を毀損したりするなどの行為が，これにあたる。

「暴行・脅迫」は，逃走の手段として，看守者またはその協力者に対してなされることを要し，必ずしもこれらの者の身体に加えられたものに限られない。物に対して加えられても，これらの者の身体に物理的に影響を与え得るばあい（いわゆる間接暴行）も含まれる。「2人以上通謀する」とは，逃走の手段・方法・時期などについて連絡しあい，意思を通ずることをいう。

(iv) 被拘禁者奪取罪

本罪は，法令により拘禁された者を奪取する罪である。法定刑は，3月以上5年以下の拘禁刑（99条）。本罪の未遂罪は，罰する（102条）。

(a) 客 体

「法令により拘禁された者」とは，わが国の法令により，わが国の国家機関によって身体の自由を拘束された者をいう。したがって，加重逃走罪における「既決，未決の者又は勾引状の執行を受けた者」より広く，既決・未決の者，勾引状の執行を受けた者のほか，現行犯人として逮捕された者（刑訴213条），緊急逮捕された者（刑訴210条），逃亡犯人引渡法5条によってわが国の官憲に拘禁された者なども，これに含まれる。

(b) 行 為

本罪の行為は，上記の者を奪取することである。「奪取する」とは，身体の自由を拘束された者をその看守者の事実的支配から離脱させて自己または第三者の支配下に移すことをいう。

(v)　逃走援助罪

本罪は，次の2つの類型から成る。すなわち，法令により拘禁された者を逃走させる目的で，①器具を提供し，その他逃走を容易にすべき行為をおこなう罪。法定刑は，3年以下の拘禁刑（100条1項）。②上記の目的で，暴行または脅迫をおこなう罪。法定刑は，3月以上5年以下の拘禁刑（同条2項）。本罪の未遂罪は，罰する（102条）。

(a)　罪　質

逃走援助罪は，「法令により拘禁された者」がみずから逃走するのを援助する行為を処罰するものであるから，その実質は，逃走の幇助罪（62条1項）にほかならない。しかし，逃走罪として処罰される者よりも逃走援助罪のほうが重く処罰されているから，独立犯罪として把握されるべきであり，一般の幇助犯の成立は否定される。

(b)　行　為

本罪の行為は，被拘禁者の逃走を容易にすべき行為をし，または暴行・脅迫をおこなうことである。「器具を提供する」とは，縄梯子や金切鋸などの逃走に役立つ道具を手渡すことをいい，それは逃走援助の一例として例示されたものである。「逃走を容易にすべき行為」とは，逃走を容易にする可能性を有するいっさいの行為をいい，逃走の機会・方法・逃走経路などを教えたり，拘束のための器具を解き放してやることなど，言語によるばあいと動作によるばあいのいずれであってもよいとされる。

(vi)　看守者逃走援助罪

本罪は，法令により拘禁された者を看守しまたは護送する者が，その拘禁された者を逃走させる罪である。法定刑は，1年以上10年以下の拘禁刑（101条）。本罪の未遂罪は，罰する（102条）。

本罪の主体は，法令によって拘禁された者を看守または護送する者に限定される（身分犯）。「逃走させる」とは，被拘禁者に逃走を実行させ，または，逃走を容易にするいっさいの行為をいう。

(5)　犯人蔵匿及び証拠隠滅の罪

(i)　総　説

犯人蔵匿及び証拠隠滅の罪の保護法益は，国家の「刑事司法作用の適正」である。

刑法上，「犯人蔵匿罪」(103条)，「証拠隠滅罪」(104条) および「証人等威迫罪」(105条の2) が規定されている。犯人蔵匿罪は，犯人・逃走者をかくまうことによって，刑事裁判または刑の執行を免れさせる罪であり，証拠隠滅罪は，他人の刑事事件に関する証拠を滅失・偽造することによって審判などの適正を侵害する罪である。いずれも，広義の刑事司法作用 (捜査および審判) を害するものである。

さらに証人等威迫罪は，いわゆる「お礼参り」行為を禁圧するために昭和33年 (1958年) の刑法の一部改正の際に追加されたものであり (同年法107号)，その保護法益には，国家の刑事司法作用の安全のほかに，刑事被告事件の「証人，参考人またはその親族らの私生活の平穏」も含まれる。

(ii)　犯人蔵匿罪

本罪は，罰金以上の刑に当たる罪を犯した者または拘禁中に逃走した者を蔵匿し，または隠避させる罪である。法定刑は，3年以下の拘禁刑または30万円以下の罰金 (103条)。

(a)　客　体

「罰金以上の刑に当たる罪」とは，法定刑が罰金以上の刑を含む罪をいう (10条1項参照)。「罪を犯した者」とは，真にその犯罪を犯した者をいう (通説)。通説に対しては，形式的な文理に合致し，厳格な解釈を維持しようとする意図は十分に理解できるが，真犯人かどうか，の判断について，実際の適用上，大きな困難があるばかりでなく，真犯人でないと信じて蔵匿・隠避させた者に対しては，それが重大な過失に基づき，かつ，現実的に捜査・審判などを著しく妨げたばあいにも，不可罰とせざるを得ないという不都合が生ずるとの批判がある。判例は，犯罪の嫌疑を受けて，捜査または訴追されている者をも含むと解している。

罪を犯した者とは，真犯人および蔵匿・隠避行為がなされた時点において，客観的かつ合理的な判断によって真犯人であると強く疑われる者を指すと解すべきであるとする見解も主張されている。

「拘禁中に逃走した者」とは，法令による拘禁を破って逃走した者をいう。逃走行為が犯罪を構成するか否かを問わないし，みずから逃走した者ばかりでなく，奪取された者も含まれる。

(b) 行　為

「蔵匿する」とは，官憲の発見・逮捕を免れるべき隠匿場を提供することをいう。「隠避させる」とは，蔵匿以外の方法で，官憲の発見・逮捕を免れさせるいっさいの行為をいう。たとえば，「有形的方法」として，変装用の衣類・装身具を供与し，逃走のための旅費を支給するなどがあり，「無形的方法」として，犯人に留守宅の状況・家族の安否・官憲の捜査の形勢などを通報して逃避の便宜を与えたり，他人を身代り犯人として，警察署に出頭させて虚偽の申告をさせたり，身代り事件の弁護人が，自首しようとする真犯人の決意を阻止してその身代り事件を進行・結審させたりする行為などがある。最高裁の判例は，参考人として取調べを受けている者が，警察官に対して真犯人との口裏合わせに基づいた虚偽の供述をして真犯人が釈放された行為について，犯人隠避罪の成立をみとめている（最決平29・3・27刑集71巻3号183頁）。

(c) 故　意

罰金以上の刑に当たる罪を犯した者であることに関して，犯罪の具体的認識は必要ではないが，罰金以上の刑に当たる罪の犯人であることの認識は必要である。

(iii)　証拠隠滅罪

本罪は，他人の刑事事件に関する証拠を隠滅し，偽造し，もしくは変造し，または偽造もしくは変造の証拠を使用する罪である。法定刑は，3年以下の拘禁刑または30万円以下の罰金（104条）。

(a) 客　体

本罪の客体は，他人の刑事事件に関する証拠である。「他人」とは，行為者

以外の者をいう。共犯者の刑事事件が他人の刑事事件といえるかどうか，について，見解の対立がある。共犯者の事件も他人の刑事事件と解して本罪の成立をみとめる見解と，逆に，他人の刑事事件ではないと解して本罪の成立を否定する見解がある。しかし，もっぱら他の共犯者のためにする意思で行為したばあいには，他人の刑事事件として本罪の成立をみとめ，もっぱら自己のためにしたばあい，ならびに，他の共犯者および自己の利益のためにしたばあいには，本罪にあたらないと解するのが妥当である。なぜならば，共犯事件の証拠は，通常，各共犯者に共通であるが，一部の者に対してのみ証拠となり得るものもあるので，共犯者間に利害の反する証拠もあり得ることになり，個別的事案に即して上記の基準で判断するのが本罪の趣旨に合致するからである。

　証拠は，「刑事」事件に関するものに限られ，民事事件，懲戒事件，非訟事件などに関するものは含まれない。「事件」とは，現に裁判所に係属している事件だけでなく，将来，刑事被告事件となり得るものも含まれるので，被疑事件やまだ被疑事件に至らないものもこれに当たる。「証拠」とは，犯罪の成否，態様，刑の軽重に影響を及ぼす情状を決定するに足るべきいっさいの証拠をいう。物的証拠・人的証拠のいずれであってもかまわないので，証人・参考人なども，証拠にあたる。

(b)　行　為

「隠滅する」とは，物理的滅失に限らず，証拠の顕出を妨げ，またはその価値を滅失・減少させるいっさいの行為を意味し，証拠の蔵匿を含む。証人となるべき者を逃避させて隠匿することも隠滅にあたる。「偽造」とは，不真正な証拠を作出することをいい，「変造」とは，真正な証拠に加工して，その証拠としての効果に変更を生じさせることをいう。

　偽造・変造の証拠の「使用」とは，偽造・変造された証拠を真正の証拠として用いることをいう。使用の相手方は裁判所・捜査機関のいずれであってもかまわない。

(iv)　親族による犯罪に関する特例

103 条および 104 条の罪については，犯人または逃走した者の親族が，これらの者の利益のために犯したときは，その刑を免除することができる (105 条)。

(a)　法的性格

親族関係にある者が，犯人または逃走者をかくまい，または，証拠を隠滅する行為に出るのは，人間としての情に基づくものであるから，期待可能性の減少を根拠にして，任意的な刑の免除がみとめられている。これは，「一身的刑罰阻却事由」である。

(b)　主　体

「犯人」とは，「罰金以上の刑に当たる罪」を犯した者 (103 条)，または刑事被告人 (104 条) などをいい，「逃走した者」とは，拘禁中逃走した者をいう (103 条)。「親族」の範囲は，民法によって定められる (民 725 条)。

(c)　犯人・逃走者のため

犯人または逃走者の利益のために犯されたばあいに限られるので，犯人または逃走者の不利益のためになされたばあいはもとより，もっぱら親族である犯人または逃走者の共犯者の利益のために犯されたばあいにも，本条は適用されない。また，親族である犯人の利益のためにおこなったばあいであっても，それが，同時に，第 3 者の刑事事件に関するものであり，その者の利益のためでもあるときには，本条は適用されない。

(d)　教　唆

犯人・逃走者の親族が，他人を教唆して，犯人蔵匿罪・証拠隠滅罪を犯させたばあいの取扱いについて，教唆犯が成立し親族は刑の免除を受け得るとする見解もあるが，本条は，親族自身の行為についてのみ刑の免除をみとめるものであるから，他人に犯罪を犯させたばあいには，その適用は否定される (大判昭 8・10・18 刑集 12 巻 1820 頁)。

他人が，犯人・逃走者の親族を教唆して，犯人蔵匿罪・証拠隠滅罪を犯させたばあいには，親族の行為は，明らかに犯罪を構成するので，共犯従属性説の見地においても，その他人について教唆犯が成立する。親族の行為は，

刑を免除され得るが，その効果は，親族の一身に限られ，他人である教唆者に及ばないので，教唆者については，本条の適用はない。

　犯人・逃走者がみずから犯人蔵匿・証拠隠滅をおこなっても，犯罪にあたらないことは，明文上，明らかであるが，他人を教唆して自己を蔵匿・隠避させ，または自己の刑事事件に関する証拠を隠滅させたばあいには，「犯人蔵匿罪・証拠隠滅罪の教唆犯が成立するかどうか」は，必ずしも明らかではない。この点につき，通説は，教唆犯の成立を肯定している。その理由は，他人を教唆して犯人蔵匿罪・証拠隠滅罪を犯させる行為は，犯人・逃走者自身がこれをおこなうばあいとは情状が異なっており，他人を罪に陥れる点において，期待可能性がないとはいえないことに求められている。判例も，教唆犯の成立をみとめている（最決昭40・9・16刑集19巻6号679頁）。しかし，本人自身がおこなっても犯罪とならない行為を他人に教唆したら教唆犯として犯罪となると解するのは，妥当ではない。これも自己庇護行為の一態様にすぎないので，教唆犯の成立は否定されるべきである。

　また，犯人・逃走者が，その親族を教唆して，自己の利益のために自己を蔵匿・隠避させ，またはその刑事被告事件に関する証拠を隠滅させたばあいについても，教唆犯の成立を否定すべきである。しかし，通説は，親族の行為は犯罪を構成するので，これに対する教唆犯の成立をみとめ，親族に準じて，犯人・逃走者にも刑の免除がなされ得ると解している。

(v)　証人等威迫罪

　本罪は，自己もしくは他人の刑事事件の捜査もしくは審判に必要な知識を有するとみとめられる者，またはその親族に対し，当該事件に関して，正当な理由がないのに面会を強請し，または強談威迫の行為をする罪である。法定刑は，2年以下の拘禁刑または30万円以下の罰金（105条の2）。

(a)　客　体

　本罪の客体は，自己もしくは他人の刑事事件の捜査もしくは審判に必要な知識を有するとみとめられる者またはその親族である。本罪は，「他人の刑事事件」だけでなく，「行為者自身の刑事事件」に関しても成立する。その理由

は，自己の刑事事件について，期待可能性がないとはいえず，保護法益である証人などの私生活の平穏を害する危険があることに求められている。

「刑事事件」は，現に被告事件となっているものに限らず，被疑事件および将来被疑事件となり得るものをも含む。「捜査もしくは審判に必要な知識」は，犯罪の成否に関する知識ばかりでなく，情状に関するもの，犯人または証拠の発見に役立つものなども含む。知識を有すると「認められる者」とは，現にその知識を有する者ばかりでなく，具体的状況から見て，そのような知識を有すると解される者であれば足りる。現に，証人，鑑定人，参考人として裁判所から喚問されている者や，捜査機関から取り調べられている者だけでなく，将来，それらの可能性がある者も，これにあたる。

(b) 行　為

「面会を強請する」とは，相手方に面会の意図のないことが明らかであるのに，面会を強要することをいう。「強談」とは，言語を用いて強いて自己の要求に応ずるように迫ることをいい，「威迫」とは，他人に対して，言語・態度・動作をもって気勢を示し，不安・困惑の念をいだかせることをいう。

(6) 偽証の罪

(i) 総　説

偽証の罪は，法律によって宣誓した証人・鑑定人・通訳人または翻訳人が，虚偽の陳述・鑑定・通訳または翻訳をおこなう犯罪であり，その保護法益は，国家の審判作用の適正である。刑法は，「偽証罪」（狭義。169条）と「虚偽鑑定・通訳・翻訳罪」（171条）とを規定している。

(ii) 偽証罪

本罪は，法律により宣誓した証人が，虚偽の陳述をする罪である。法定刑は，3月以上10年以下の拘禁刑（169条）。

(a) 主　体

本罪の主体は，法律により宣誓した証人に限られる。したがって，本罪は「真正身分犯」である。宣誓しない証人（民訴289条・290条，刑訴155条参照）

は，本罪の主体となり得ない。共犯者または共同被告人が，被告人としてではなく，「証人」として宣誓のうえ，証言拒否権を行使しないで，虚偽の陳述をしたばあいにも，本罪が成立する。

(b)　行　為

本罪の行為は，「虚偽の陳述」をすることである。「虚偽」の意味について，陳述の内容となっている事実が客観的真実に反することであるとする「客観説」も主張されているが，証人の記憶に反することであるとする主観説が妥当である。「客観説」は，証人が偽証の意思で陳述しても，それが真実に合致している以上，国家の審判作用が害される可能性はないので本罪は成立しないと主張する。しかし，このように解すると，証人が自己の記憶に反する事実を真実と信じて陳述するかぎり，それが真実でなかったばあいにも，本罪の故意がみとめられず，過失による偽証は罰せられていないので，不可罰とせざるを得ないという不都合が生ずる。もともと証人は，みずから体験した事実を，自己の記憶に従って述べなければならないのであり，記憶に反する事実を陳述すること自体が，国家の審判作用を害する危険を生じさせる。ここに偽証罪の処罰根拠があるのである。したがって，記憶に反する陳述が，たまたま客観的真実に合致しているばあいであっても，偽証罪が成立することになる（大判明42・6・18刑録15輯735頁）。

「黙秘が本罪を構成するか」が，問題となる。証人が，陳述中に，自己の記憶する事項の全部または一部を黙秘して，全体として陳述内容を虚偽にするばあいには，不作為による偽証罪がみとめられる。しかし，たんに事実をまったく黙秘して陳述しないばあいは，証言拒絶罪（民訴284条，刑訴161条）となり得るが，偽証罪は成立しない。

(c)　偽証の教唆

刑事被告人が，自己の刑事被告事件について，他人を教唆して虚偽の陳述をさせたばあい，判例・通説は，偽証教唆罪を構成すると解している。被告人自身が，自己の刑事被告事件について虚偽の陳述をしても，期待可能性がないので，罰せられないが，他人を犯罪に陥れてまで自己の利益を図ることは，もはや期待不可能とはいえないので許されるべきでないとされるのであ

る。また，憲法 38 条 1 項の趣旨も，自己に不利益な供述を拒否する権限を与えたにとどまり，一般的に，虚偽の陳述をすることまでを許容したものではないとされる。しかし，これも自己庇護行為の一環としてみとめて，不可罰であると解するのが妥当であると解される。

(iii) 自白による刑の減免

偽証罪を犯した者が，その証言をした事件について，その裁判が確定する前または懲戒処分がおこなわれる前に自白したときは，その刑を減軽または免除することができる (170 条)。

これは，偽証に基づく誤判を未然に防止するための政策的規定である。

(iv) 虚偽鑑定・通訳罪

本罪は，法律により宣誓した鑑定人，通訳人または翻訳人が，虚偽の鑑定，通訳または翻訳をする罪である。法定刑は，3 月以上 10 年以下の拘禁刑。本罪についても，自白による刑の減免がみとめられている (171 条)。

(a) 主 体

本罪の主体は，法律により宣誓した鑑定人，通訳人または翻訳人である (民訴 301 条・285 条・134 条，刑訴 166 条・178 条・179 条)。本罪も主体が限定されており，「真正身分犯」である。

(b) 行 為

本罪の行為は，虚偽の鑑定，通訳または翻訳をすることである。「虚偽」の意味についても，偽証罪のばあいと同様に「主観説」の立場が妥当である。したがって，「虚偽の鑑定」とは，自己の所信に反して意見または判断を表示することをいい，「虚偽の通訳・翻訳」とは，自己の所信に反して他人の表示した意思または観念を訳述して，審判機関に伝えることを意味することになる。

(7) 虚偽告訴の罪

(i) 総 説

　虚偽告訴の罪は，人に刑事または懲戒の処分を受けさせる目的で，虚偽の事実を申告することを内容とする犯罪である。その保護法益については，個人の私生活の平穏と解する説もあるが，「国家の審判作用の適正な運用」と解すべきである。なぜならば，人に刑事または懲戒の処分を受けさせる目的で虚偽の申告がおこなわれると，国の審判作用の前提となる捜査権または調査権の適正な運用が害されることになるからである。

　虚偽告訴の対象となる被告訴者は，本罪の結果として捜査機関などの捜査または調査を受けるので，第2次的には，被告訴者となる個人が不当に国の刑事または懲戒処分の対象にされないという個人的法益も保護法益であるとする説も主張されている。この説によれば，自己が犯人の身代りとなって処分を受ける目的で虚偽の申告をするばあい，および死者・架空人を被告訴者とするばあいは，本罪を構成しないことになる。

(ii) 虚偽告訴罪

　本罪は，人に刑事または懲戒の処分を受けさせる目的で，虚偽の告訴，告発その他の申告をする罪である。法定刑は，3月以上10年以下の拘禁刑（172条）。

(a) 行 為

　本罪の行為は，下記の目的で虚偽の告訴・告発その他の申告をすることである。「虚偽」とは，客観的真実に反することをいうと解すべきである。なぜならば，申告された事実が真実であるかぎり，国家の審判作用を害することはないからである。したがって，客観的に真実である事実を虚偽であると誤信して申告しても，本罪を構成しない。

　申告の内容としての虚偽の事実は，刑事または懲戒処分の原因となり得るものでなければならず，また，当該官庁の誤った職権発動を促すに足りる程度に具体的でなければならない。

　「申告」は，相当官署（機関）に対してなされることが必要である。相当官

署とは，刑事処分については捜査権のある検察官，司法警察職員をいい，懲戒処分については懲戒権者または懲戒権の発動を促すことができる機関をいう。

(b) 目　的

本罪は目的犯であり，「人に刑事または懲戒の処分を受けさせる目的」が必要である。「人」とは他人をいうので，自己告訴は本罪を構成しない。人は，自然人であると法人であるとを問わないが，実在人でなければならない。「刑事の処分」とは，刑事上の処分，すなわち刑罰，刑罰に類似する保安処分（売春婦に対する補導処分〔売春防止法17条以下〕など）および起訴猶予処分をいう。「懲戒の処分」とは，公法上の監督関係に基づいて職務規律維持のために課せられる制裁をいい，公務員に対する懲戒，弁護士・医師・公認会計士などに対する懲戒などが，これにあたる。

目的の内容について，刑事または懲戒の処分を受けさせる結果発生の意欲を必要とする見解も主張されているが，判例・通説は，その結果発生の未必的認識で足りると解している。

(iii) 自白についての特例

虚偽告訴等の罪を犯した者が，その申告した事件について，その裁判が確定する前または懲戒処分がおこなわれる前に自白したときは，その刑を減軽し，または免除することができる（173条）。

本条は，虚偽告訴などに基づく誤った審判を未然に防ぐために設けられた政策的規定である。

(8) 汚職の罪

(i) 総　説

汚職の罪とは，職権を濫用して，国家または地方公共団体の立法・司法・行政作用の適正な運用を侵害する犯罪であり，刑法は，「職権濫用の罪」（193条〜196条）と「賄賂の罪」（197条・198条）とを規定している。両者は，国または地方公共団体の機関である公務員が，いわば国家機関の内部から「公務

の公正」を汚す点に特徴があるとされている。そのため「汚職の罪」とよばれる。また，両罪は，公務員の「職務犯罪」である点でも共通している。

(ii)　職権濫用罪

(a)　総　説

(α)　犯罪類型　職権濫用の罪とは，公務員が，その職権を濫用して，またはその職務を執行するにあたって違法な行為をすることを内容とする犯罪をいう。刑法は，職権濫用の罪として，「公務員職権濫用罪」(193条)，「特別公務員職権濫用罪」(194条)，「特別公務員暴行陵虐罪」(195条) および「特別公務員職権濫用致死傷罪・特別公務員暴行陵虐致死傷罪」(196条) を規定している。

(β)　保護法益　本罪の保護法益は，「公務の公正」あるいは「国家の威信」である。これに対して，個人の自由・権利であるとする説や第1次的には国家の司法・行政作用の適正な運用であるが，第2次的には職権濫用の相手方となる個人の自由・権利としての個人的法益であるとする説も主張されている。公務員は，公務を遂行するため国民に対し法律上または事実上の負担・不利益を生じさせる特別の権限が与えられており，それを不法に行使すると，「公務の適正」を害し，「国家の威信」を損うことになる。旧憲法下においては，官僚国家的観点から，公務員の職務に関連してなされる違法行為に対しては，寛大に取り扱われる傾向にあったといえる。しかし，日本国憲法においては，「公務員は，全体の奉仕者であって，一部の奉仕者ではない」(憲15条2項) とされ，また，「公務員による拷問……は，絶対にこれを禁ずる」(憲36条) とされるとともに，個人の権利の保護が重視されることとなったので，昭和22年 (1947年) の刑法の一部改正に際して，職権濫用の罪の法定刑が著しく加重された。

(b)　公務員職権濫用罪

本罪は，公務員がその職権を濫用して，人に義務のないことをおこなわせ，または権利の行使を妨害する罪である。法定刑は，2年以下の拘禁刑(193条)。

(α)　主体　本罪の主体は，公務員である。したがって，本罪は「真正身

分犯」である。公務員の意義について，公務員であれば足りるとする見解や
ある行為を強制できる権限を有する公務員であることを要するとする見解も
あるが，当該公務員の権限が濫用されたばあい，相手方に義務のないことを
おこなわせ，または権利の行使を事実上，妨害するに足りる権限を有する者
であれば足り，必ずしも強制力を伴う権限を有する公務員であることを要し
ないと解すべきである。

　　(β)　行為　「職権を濫用する」とは，形式上，抽象的・一般的職務権限に
属する事項について，職権の行使に仮託して，実質的・具体的には違法また
は不当な行為をおこなうことをいう。不作為も含まれる。

　濫用行為は，相手方が職権の行使であることを認識できるものに限るか，
について，判例は，職権をもつ者が客観的に職権を濫用した以上，濫用行為
にあたるから，被害者に職権の行使と認識させなくても本罪の行為にあたる
と解している（最決平元・3・14刑集43巻3号283頁）が，相手方が職権行使であ
ることを認識できる外観を備えたもので，相手の意思に働きかけ，影響を与
えるものに限ると解するのが妥当である。すなわち，193条は，強要罪を定
める223条と同様に，「人に義務のないことを行わせ，又は権利の行使を妨害
したときは」と定めており，その規定形式からすると，文理上，相手方の意
思に働きかけ，これを抑圧して一定の作為・不作為を強要することが職権濫
用行為の本質的要素として把握されるので，職権濫用行為は，相手方に職権
の行使であることを認識させるに足りる外観を有し，かつ，相手方の意思に
働きかけ，影響を与えるものに限られることになるわけである。

　判例は，警察官がその職務としてA政党に関する警備情報を得るため，同
党幹部の自宅の電話を盗聴したという事案について，相手方の意思に働きか
けることは濫用行為の不可欠の要素ではないとしつつ，「被疑者らは盗聴行
為の全般を通じて終始何人に対しても警察官による行為でないことを装う行
動をとっていた」ことを理由に，職権濫用行為にあたらないと判示している
（前掲最決平元・3・14）。

　「義務のないことを行わせる」とは，法律上，まったく義務がないのにおこ
なわせ，または，いちおう義務があるばあいに不当・違法に義務の態様を変

更しておこなわせることをいう。たとえば，義務の履行期を早期に変更し，あるいはこれに一定の条件を付けておこなわせるようなばあいが，これにあたる。「権利の行使を妨害する」とは，法律上，みとめられている権利の行使を妨げることをいう。

(c)　特別公務員職権濫用罪

本罪は，裁判，検察もしくは警察の職務をおこなう者，またはこれらの職務を補助する者が，その職権を濫用して，人を逮捕し，または監禁する罪である。法定刑は，6月以上10年以下の拘禁刑（194条）。

(α)　**罪質**　本罪の主体は，裁判・検察・警察の職務をおこなう者，または，これらの職務を補助する者である。これらの者を一般に「特別公務員」という。行為者が特別公務員であることによって逮捕監禁罪（220条）の刑が加重されているから，本罪は「不真正身分犯」である。特別公務員は，その職務の性質上，逮捕・監禁の権限を有しており，職権を濫用して人権を侵害する危険があるため，本罪が設けられているのである。

(β)　**意義**　「裁判，検察もしくは警察の職務を行う者」とは，裁判官，検察官，司法警察職員をいう。「これらの者の職務を補助する者」とは，裁判所書記官，検察事務官，司法警察員，森林・鉄道その他特別の事項について警察の職務をおこなう者など，その職務が補助者の地位にある者をいう。

(d)　特別公務員暴行陵虐罪

本罪は，裁判，検察もしくは警察の職務をおこなう者，またはこれらの職務を補助する者が，その職務をおこなうにあたり，被告人，被疑者その他の者に対して暴行または陵虐の行為をする罪である。法定刑は，7年以下の拘禁刑（195条1項）。法令により拘禁された者を看守し，または護送する者が，その拘禁された者に対して暴行または陵虐の行為をしたときも，1項と同じである（同条2項）。

(α)　**主体**　本罪の主体は，①裁判・検察・警察の職務をおこなう者もしくはこれらの職務を補助する者（1項），または，②法令により拘禁された者（被拘禁者）を看守し，または護送する者である（2項）。本罪は，不真正身分犯である。

（β）　**客体**　本罪の客体は，①被告人，被疑者その他の者（1項），または，②被拘禁者（2項）である。「その他の者」とは，被疑者，証人，参考人など捜査・裁判上，取調べの対象になる者をいう。

（γ）　**行為**　本罪の行為は，職務をおこなうにあたり，被告人らに対して暴行・陵虐の行為をおこなうことである。「その職務を行うに当たり」とは，「職務をおこなう機会に」という意味である。「暴行」は，広義の暴行である。「陵虐の行為」とは，暴行以外の方法で精神上または肉体上の苦痛を与えるいっさいの虐待行為をいう。たとえば，相当な飲食物を与えないこと，必要な睡眠をさせないこと，被疑者に対し取調べにあたった巡査がわいせつまたは不同意性交等の行為をすることなどが，陵虐にあたる。

（δ）　**被害者の承諾**　本罪においては，「被害者の承諾」は，違法性を阻却しない。なぜならば，本罪は，主として職務の適正を保護するものであるから，暴行・陵虐の相手方個人の承諾によって，その法益が放棄されることはあり得ないからである。

（e）　**特別公務員職権濫用致死傷罪・特別公務員暴行陵虐致死傷罪**

本罪は，特別公務員職権濫用罪（194条）または特別公務員暴行陵虐罪（195条）を犯し，よって人を死傷させる罪である。法定刑は，傷害の罪と比較して，重い刑により処断される（196条）。

本罪は，特別公務員職権濫用罪（194条）または特別公務員暴行陵虐罪（195条）を犯し，よって人を死傷させる罪であり，「結果的加重犯」である。

（iii）　**賄賂の罪**

（a）　**総　説**

賄賂の罪は，「収賄の罪」と「贈賄の罪」とから成る。刑法は，収賄の罪として，「単純収賄罪」（197条1項前段），「受託収賄罪」（同項後段），「事前収賄罪」（同条2項），「第3者供賄罪」（197条の2），「加重収賄罪」（197条の3第1項，2項），「事後収賄罪」（同条3項）および「あっせん収賄罪」（197条の4）を規定し，贈賄の罪として，「贈賄罪」（198条）のみを規定していう。

（α）　**保護法益**　賄賂の罪の保護法益は，職務の公正およびそれに対する

社会の信頼である。すなわち，公務員の裁量を伴う職務行為については，国家の立法・司法・行政作用の適正な運用にとって職務の公正は不可欠であるから，第1次的に本罪の保護法益は，「職務行為の公正」である。次に，職務行為がいかに公正におこなわれたとしても，職務に関連して公務員が賄賂を受け取っていれば，公務に対する国民の信頼が失われ，ひいては公務の適正な運用が害され，あるいはその危険を生ずることになる。したがって，「職務の公正に対する社会の信頼」も保護法益となるのである。

これに対して，保護法益を職務行為の不可買収性であると解する見解，職務の不可買収性および公正であると解する見解や公務員の清廉義務であると解する見解も主張されている。しかし，賄賂の罪も，究極においては国家の立法・司法・行政作用の適正な運用を保護法益とするものであるから，単なる清廉義務違反は，賄賂の罪の保護法益とはなり得ないし，また，公務は利益の対価とされてはならないとすることによって職務の公正を期待できるので，不可買収性にも相当の根拠はあるが，この見解によると，あっせん贈収賄罪のように必ずしも職務が利益の対価となっていない犯罪の説明が困難となる。

（β）　**立法形式**　賄賂の罪の立法形式には，「ローマ法主義」と「ゲルマン法主義」がある。前者は，ローマ法に由来し，「職務行為の不可買収性」を原理とする立法主義である。すなわち，職務行為を利益の対価としてはならないとの考え方に基づき，賄賂罪の成立にとって職務行為が不正におこなわれたことを要件としない立法主義である。

後者は，ゲルマン法に由来し，「職務の不可侵性」を原理とする立法主義である。すなわち，賄賂罪の成立にとって職務が不正におこなわれたことを要件とする立法主義である。わが刑法は，ローマ法主義を基本としつつ，ゲルマン法主義を補充的に採用している。

賄賂の罪の客体は，賄賂である。「賄賂」とは，公務員の職務に関する不正の報酬としてのいっさいの利益をいう。

（γ）　**賄賂と職務関連性**　賄賂は，職務に関する報酬であることを必要とする。「職務に関し」（197条1項）とは，「職務に関連して」という意味であ

り，職務行為自体に対するばあいのほか，「職務と密接な関係を有する行為」
（準職務行為・事実上，所管する職務行為）に対するばあいをも含む。職務の範囲
は，職務の公正とそれに対する社会一般の信頼を保護する見地から定められ
るべきであるから，公務員が法律上，有する権限の範囲とは必ずしも一致し
ない。

　「職務」行為とは，公務員がその地位に伴い公務として取り扱うべきいっさ
いの執務をいう。その範囲は，法令によって定められるが，必ずしも法令に
直接の規定があることを要しない。職務は，独立して決裁する権限を伴うば
あいに限らず，上司の指揮監督のもとにその命令を受けておこなう補助的職
務であってもかまわない。職務は，法令上，当該公務員の一般的な職務権限
に属するものであれば足り，現実に具体的に担当している事務であることは
必要でない。

　「職務と密接な関係のある行為」は，厳密には職務に属しないが，職務行為
にあたると解すべきである。「職務と密接な関係のある行為」とは，公務員の
職務を根拠として，当該公務員が事実上，所管し執務すべき行為をいう。事
実上，公務員の権限に属している行為について不正な利益が結びつくと，職
務の公正とそれに対する社会の信頼が害されるので，このような行為も職務
行為とみとめられるべきであるとされるのである。

　「職務」は，一般的職務権限に属することを要するが，「転職前の職務」に
関して賄賂を収受したばあい，「職務に関し」にあたるか否か，が争われる。
すなわち，公務員が，その一般的職務権限を異にする他の職務に転じた後に，
転職前の職務に関して賄賂罪が成立するか否か，が問題となるのである。最
高裁の判例は，収受の当時に公務員である以上，収賄罪が成立すると判示し
ている（最決昭58・3・25刑集37巻2号170頁）。

　学説上，否定説も有力であるが，肯定説をとる判例の立場が妥当である。
なぜならば，否定説をとると，公務員の身分を失った後に賄賂を収受すれば
事後収賄罪になるのと比較し権衡を失するばかりでなく，転職のばあいを事
後収賄罪に準じて取り扱うのは明らかに文理に反するからである。

　（δ）　**対価関係**　賄賂は，公務員の職務に関する不正の報酬としての利益

であるから，それは，職務行為または職務と密接に関連する行為の対価として提供されたものでなければならない。この対価関係は，一定の職務に対する抽象的・包括的な反対給付としての性質がみとめられれば足り，必ずしも個々の職務行為とその利益との間に対価的な関係があることを必要としない。

（ε）　**賄賂となり得るもの**　賄賂となり得るものは，金品その他の財物的利益に限らず，いやしくも人の需要または欲望を満たす利益であれば，いかなるものであるかを問わない。謝礼金，菓子箱，金融の利益，異性間の情交，就職の斡旋，地位の供与なども賄賂となり得る。

（ζ）　**社交的慣習と賄賂**　一般社会における「社交的慣習」ないし「儀礼」の範囲内にある贈与は，職務行為と対価的な関係にあっても，賄賂にあたらない。儀礼的贈与か賄賂か，の限界は，社会通念を標準として決定され，その限界を逸脱するとみとめられるばあいは，中元・歳暮などの名目で贈られても賄賂である。職務行為の対価として支払われた謝礼と職務外の行為に対する報酬とが不可分的になって提供されたばあいは，その全体が賄賂となる。

(b)　**単純収賄罪**

本罪は，公務員が，その職務に関し，賄賂を収受し，またはその要求もしくは約束をする罪である。法定刑は，7 年以下の拘禁刑（197 条 1 項前段）。

（α）　**行為**　本罪の行為は，職務に関して賄賂を，収受・要求・約束することである。「収受する」とは，賄賂を受け取ることをいい，この態様の罪を賄賂収受罪という。収受の時期は，職務行為の前であると，後であるとを問わない。「要求する」とは，賄賂の供与を請求することをいい，この態様の罪を賄賂要求罪という。「約束する」とは，贈賄者と収賄者との間で将来賄賂を授受すべきことについて合意することをいい，この態様の罪を賄賂約束罪という。

（β）　**故意**　本罪の故意が成立するためには，客体の賄賂性，つまり目的物が職務行為の対価であることを認識していることが必要である。この認識は，「意味の認識」であるから，刑法上の賄賂であることまで認識する必要はない。正当な報酬であると誤信したばあいは，故意が阻却される。

(c)　受託収賄罪

本罪は，公務員が，その職務に関し，請託を受けて，賄賂を収受し，またはその要求もしくは約束をする罪である。法定刑は，7年以下の拘禁刑（197条1項後段）。

(α)　**罪質**　本罪は，請託を受けたことに基づいて単純収賄罪よりも重く罰するものであり，同罪の加重類型である。

(β)　**行為**　本罪の行為は，職務に関して請託を受けて賄賂を収受・要求・約束することである。「請託」とは，公務員に対して，その職務に関し一定の行為をおこなうことを依頼することをいう。その依頼が不正な職務行為に関するものであると，正当な職務行為に関するものであるとを問わない。正当な職務行為についての請託であっても，それによって賄賂と職務行為との対価関係が明白となり，職務の公正に対する信頼がより強く侵害されるから，刑が加重されるのである。

請託の対象となる職務行為は，ある程度具体的なものでなければならない。「何かと世話になったお礼」の趣旨であるばあいは，請託があったとはいえない。

「請託を受ける」とは，依頼を承諾することである。承諾は，明示的である必要はなく，黙示的であってもかまわない。

(d)　事前収賄罪

本罪は，公務員になろうとする者が，その担当すべき職務に関し，請託を受けて，賄賂を収受し，またはその要求もしくは約束をする罪である。公務員となったばあいにおいて処罰される。法定刑は，5年以下の拘禁刑（197条2項）。

(α)　**罪質**　本罪は，公務員になろうとする者がその担当すべき職務に関して賄賂を取得するような行為をおこなうことを禁止するためのものである。公務の公正とそれに対する信頼をより強力に保障することが目標とされている。

(β)　**主体**　本罪の主体は，公務員になろうとする者である。たとえば，公選による議員に立候補している者や公務員として採用願いを出しているが

まだ採用されていない者などが，これにあたる。

　(γ)　**行為**　担当すべき職務に関し請託を受けて賄賂を収受・要求・約束することである。「その担当すべき職務」とは，将来，公務員となったときに相当程度の蓋然性をもって担当することが予想される職務をいう。「関し」とは，担当すべき職務の行為またはそれと密接な関係を有する行為と賄賂とが対価関係にあるという意味である。

　本罪は，行為者が公務員になったときにはじめて，処罰される。この要件は，処罰条件であると解すべきである。これに対して，構成要件要素と解する説もある。

　(e)　**第三者供賄罪**

　本罪は，公務員が，その職務に関し，請託を受けて，第3者に賄賂を供与させ，またはその供与を要求もしくは約束する罪である。法定刑は，5年以下の拘禁刑（197条の2）。

　(α)　**罪質**　本罪は，公務員がみずから賄賂を収受するのでなく，第3者に対して贈賄者に金品などの提供をさせる犯罪類型である。本罪の趣旨は，第3者を介して間接的に職務に関連して利益を得る脱法的行為を取り締ることにある。

　(β)　**行為**　本罪の行為は，職務に関し請託を受けて第3者に賄賂を供与させ，またはその供与を要求・約束することである。「請託を受ける」とは，職務に関して依頼を受け，これを承諾することをいう。「第3者」とは，当該公務員以外の者をいい，自然人・法人・法人格のない団体のいかんを問わない。第3者と公務員とが共同して賄賂を収受したばあいは，当該公務員には受託収賄罪が成立し，当該第3者は65条1項により収賄罪の共犯となるから，ここにいう「第3者」ではない。これに対して，教唆者・幇助者は，「第3者」にあたる。「供与させる」とは，第3者に賄賂を受け取らせることをいう。第3者が受け取らないばあいには，供与の約束罪となる。「供与を要求する」とは，第3者に賄賂を供与するよう相手方に求めることをいい，「約束」するとは，第3者への賄賂の供与について相手方と合意することをいう。

(f)　加重収賄罪

本罪は，公務員が，単純収賄罪・受託収賄罪・事前収賄罪・第3者供賄罪を犯し，よって不正の行為をし，または相当の行為をしない罪である。法定刑は，1年以上の有期拘禁刑（197条の3第1項）。

公務員が，その職務上，不正の行為をし，または相当の行為をしなかったことに関し，賄賂を収受，要求もしくは約束し，または第3者にこれを供与させ，その供与を要求もしくは約束したときも，前項と同じとする（同条第2項）。

（α）　**罪質**　本罪は，収賄行為とともに，それに関連して職務違反の行為がおこなわれたことを理由に，とくに刑が加重されているので，「加重収賄罪」と称される。また，法を枉（ま）げて不正の行為をするという意味から，「枉法（おうほう）収賄罪」とも称される。

（β）　**行為**　収賄行為の後に職務違反行為がおこなわれる類型が第1項の罪であり，職務違反の後に収賄行為がおこなわれる類型が第2項の罪である。

「よって不正の行為をし，又は相当の行為をしなかったとき」とは，前2条の行為の結果として，その職務に違反する行為をしたことを意味する。したがって，収賄行為と職務に反する行為との間に因果関係の存在が必要である。職務に違反する行為とは，その職務に違反する作為・不作為のいっさいの行為を意味し，必ずしも法規に違反する行為である必要はない。

(g)　事後収賄罪

本罪は，公務員であった者が，その在職中に請託を受けて職務上，不正な行為をしたこと，または相当の行為をしなかったことに関し，賄賂を収受し，またはその要求もしくは約束をする罪である。法定刑は，5年以下の拘禁刑（197条の第3項）。

本罪は，退職後において在職中の職務違反の行為に関連して収賄することを内容とする犯罪である。

(h)　あっせん収賄罪

本罪は，公務員が請託を受け，他の公務員に職務上，不正な行為をさせるように，または相当の行為をさせないようにあっせんをすること，またはし

たことの報酬として，賄賂を収受し，またはその要求もしくは約束をする罪である。法定刑は，5年以下の拘禁刑（197条の4）。

　（α）　**罪質**　本罪は，公務員，特に国会議員などの公選による公務員が，その地位を利用して，他の公務員の所管事項についてあっせん（斡旋）行為をし，それに対する謝礼を受ける行為を放置しておくと政治・行政の腐敗を招くという理由から規定されている。本罪は，他の収賄の罪と異なり，自己の職務行為の対価として賄賂を収受するものでないので，収賄の罪としては性質がかなり違うものである。

　（β）　**主体**　本罪の主体は，公務員に限られる。その公務員が，単なる私人として行為するばあいは本罪の主体とはならないが，公務員の地位ないし立場で行為するかぎり，積極的にその地位を利用しなくても，本罪の主体となり得る。

　（γ）　**行為**　本罪の行為は，他の公務員に不正行為・相当行為の不作為をあっせんし，またはあっせんしたことの報酬として賄賂を収受・要求・約束をすることである。「請託を受ける」とは，他の公務員の職務行為について斡旋することの依頼を受け，これを承諾することをいう。「あっせんする」とは，他の公務員に職務に違反する行為（作為・不作為）をさせることにつき，請託者（または贈賄者）との公務員との間に立って仲介し，交渉成立の便宜を図ることをいう。「あっせんをすること又はしたこと」とは，将来の斡旋行為または過去の斡旋行為をいう。「報酬として」とは，斡旋をしたこと，またはすることの対価としての意味である。賄賂は，謝礼，車代などの名義のいかんを問わないが，実費の弁償は報酬とはいえない。

　(i)　**没収・追徴**

　犯人または情を知った第3者が収受した賄賂は，没収され，その全部または一部を没収することができないときは，その価額を追徴する（197条の5）。

　（α）　**性質**　本条は，没収に関する19条および19条の2の「特則」であり，没収・追徴ともに「必要的」である。

　賄賂の没収は，収賄者などに不法の利益を保有させないために課せられる。これに対して，収賄者および贈賄者などに不法の利益を保有させないた

めであるとする見解もあるが，贈賄者の手許に戻ってきたものを不法の利益と見るのは妥当でないから，収賄罪の犯人（収賄者）または情を知った第3者に対し不法の利益を保有させない趣旨と解すべきである。ただし，贈賄者については任意的没収の適用があり得る。

（β）　**対象者**　没収・追徴の対象者となる者は，「犯人または情を知った第三者」である。犯人には共犯者も含まれる。「犯人」は起訴されていないばあいでも，事実認定によって犯人と認定できれば足り，「情を知った第三者」とは，犯人およびその共犯者以外の者で賄賂であることを知っている者をいう。

（γ）　**対象**　没収の対象は，犯人または情を知った第3者の「収受した賄賂」に限られる。したがって，収受されなかった賄賂は，犯罪組成物件として，19条による任意的没収の対象となる。

追徴は，没収が不可能であるときにおこなわれる。「没収することができないとき」とは，たとえば，饗応を受けた酒食や芸妓の接待のように，賄賂の性質上，没収できないばあいばかりでなく，賄賂が費消されたり第3者の所有に帰属したりしたばあいのように，収受後に没収不能となったときを含む。

（δ）　**追徴すべき価額**　追徴すべき価額は，没収できないばあいにそれを金銭に換算した金額である。追徴価額は，賄賂が収受された当時の価額を基準として算定されるべきである（収受時説）。

（ε）　**数人のばあい**　数人が共同して賄賂を収受したばあいの没収・追徴は，賄賂の分配額に応じてなされる。

分配額が不明なばあい，または共同で費消したばあいは，平等の割合で没収・追徴される。

〔ⅰ〕　**贈賄罪**

本罪は，単純収賄罪・受託収賄罪・事前収賄罪・第3者供賄罪・加重収賄罪・事後収賄罪・あっせん収賄罪に規定する賄賂を供与し，またはその申込みもしくは約束をする罪である。法定刑は，3年以下の拘禁刑または250万円の罰金（198条）。

（α）　**主体**　主体は，限定されていない。通常は，非公務員であることが多いのであるが，公務員であっても，単なる私人としておこなうばあいは，

本罪の主体となる。

　(β)　**行為**　本罪の行為は，賄賂を供与し，またはその申込み・約束をすることである。「供与する」とは，賄賂を相手方に収受させる行為をいう。収賄罪における「収受」に対応する観念であるから，相手方が収受しないばあいには，申込みにとどまる。収受罪とは必要的共犯の関係に立つ。「申込み」とは，賄賂の収受を促すことをいう。「約束」とは，将来において賄賂を供与することについて贈収賄者間において意思が合致することをいう。

　(γ)　**収賄罪との関係**　贈賄罪と収賄罪とは，必要的共犯（対向犯）の関係に立つから，実質的に収賄の教唆または幇助に相当する行為があっても，供与罪および約束罪の限度で罰せられるにすぎない。これに対して，贈賄者は，収賄者よりも悪質なばあいが多く，贈賄罪として軽い法定刑で罰せられるのは不合理であるから，別個に収賄の教唆・幇助犯が成立するとすべきであるとの見解もある。収賄者側の要求罪と贈賄者側の申込み罪とは，それぞれ独立の犯罪であるから，相手側において犯罪が成立しないばあいであっても，独立して犯罪の成立が肯定され得る。申込み罪は，収賄罪の教唆となり得るが，供与罪および約束罪との均衡上，申込み罪の限度で処罰されることになる。

　(δ)　**恐喝罪・詐欺罪との関係**　公務員が，その職務関連行為に関して，他人を恐喝し金銭などを交付させたばあい，「恐喝罪の他に収賄罪が成立するか」が，問題となる。公務員が職務行為に仮託して，自己の職務とまったく関係のない事項について人を恐喝し財物を交付させたばあいには，恐喝罪のみが成立し収賄罪は成立しない。しかし，職務に関して，恐喝的方法を用いたばあい，たとえば，警察官が犯罪検挙の意思を有し，客観的に見て犯罪の嫌疑がある状況のもとで，被疑者を畏怖させて財物を交付させたばあい，公務員については，恐喝罪の他に収賄罪が成立し，両罪は観念的競合となる。なぜならば，恐喝罪は，個人的法益に対する罪であって収賄罪とは罪質を異にするものであるにもかかわらず，恐喝罪の成立のみをみとめると，収賄の点がまったく考慮されないこととなって，妥当ではないからである。被恐喝者は被害者であるが，財物交付について任意性がみとめられる以上，贈賄罪

の成立を否定する根拠はなく，せいぜい期待可能性の法理を適用して責任を
減少させ，例外的にこれを阻却する可能性をみとめれば足りる。

　詐欺的方法による収賄のばあいは，詐欺罪の他に収賄罪が成立し，両罪は
観念的競合となる。

④ 外国に対する罪

⑴ 国交に関する罪

（i）保護法益

　国交に関する罪の保護法益について，国家主義的な見地から，国家の対外
的地位であるとする見解もあるが，国際主義的な見地から，「国際法上の義
務」に基づいて「外国の法益」を保護するものと解するのが妥当である。た
しかに，外国の法益擁護を直接の目的としているわけではないし，刑法典上
の位置から見ても，本罪が国家に対する罪として規定されていると解するこ
とも不可能ではない。しかし，本罪は，必ずしも，ただちにわが国の存立を
危うくするものを内容としていないし，外国政府の請求が訴訟条件とされて
いるばあいがあるので，外国の法益を保護するものと解すべきなのである。

（ii）犯罪類型

　刑法は，国交に関する罪として，「外国国章損壊等の罪」(92条)，「私戦予
備・陰謀罪」(93条) および「局外中立命令違反罪」(94条) を規定している。

⑵ 外国国章損壊等の罪

　本罪は，外国に対して侮辱を加える目的で，その国の国旗その他の国章を
損壊し，除去し，または汚損する罪である。法定刑は，2年以下の拘禁刑ま
たは20万円以下の罰金 (92条1項)。前項の罪は，外国政府の請求がなければ
公訴を提起することができない (同条2項)。

(i) 外国の意義

「外国」とは，国際法上，承認された外国だけでなく，未承認国も含まれる。「国旗」とは，国家を表彰するものとして定められている旗をいう。「国章」とは，国家を象徴する物をいい，国旗のほか陸海空軍旗，元首旗，大公使館の徽章などがある。

(ii) 客 体

本罪の客体である国章は，当該国家の権威を象徴するものとして掲揚されたものに限られる。これに対して，私人の掲揚したものでも，それに対する一定の行為が，当該国に対する侮辱の意思の表示として国交に影響を及ぼすべきばあいには，これに含まれるとする説も主張されている。

(iii) 行 為

本罪の行為は，下記の目的で国章を損壊・除去・汚損することである。「損壊する」とは，国章自体を破壊または毀損する方法によって，外国の威信・尊厳を象徴する効用を減失または減少させることをいう。「除去する」とは，国章自体に損壊を生じさせることなく，場所的移転，遮蔽などによって国章が現に所在する場所において果たしているその威信・尊厳を象徴する効用を減失または減少させることをいう。「汚損する」とは，人に嫌悪の情をいだかせる物を国章自体に付着または付置させて，国章としての効用を減失または減少させることをいう。

(iv) 目 的

本罪は，目的犯であり，上記の行為は，外国に対して侮辱を加える目的でおこなわれる必要がある。「侮辱を加える」とは，国章に対する行為によって，当該国家に対する侮辱の意思を表示することをいう。

(3) 私戦予備・陰謀罪

本罪は，外国に対して私的に戦闘行為をする目的で，その予備または陰謀

をする罪である。法定刑は，3月以上5年以下の拘禁刑。ただし，自首した者は，その刑を免除される（93条）。

(i) 罪　質

外国に対して私的に戦闘行為をおこなうのは，当該国とわが国との国交を破壊することになるので，そのような私戦の予備・陰謀は処罰される。法定刑として拘禁刑が規定されているのは，国交の重要性を考慮したからであるとされる。

(ii) 目　的

本罪は，外国に対して私的に戦闘行為をする目的でなされることが必要である。「外国」とは，国家としての外国をいう。「私的に戦闘行為をする」とは，国の命令によらず勝手に戦闘行為をおこなうことをいう。

(iii) 行　為

本罪は，外国に対する私的な戦闘行為の予備・陰謀をすることである。「戦闘行為」とは，武力による組織的な攻撃・防御をいう。「予備」とは，実行の着手前の段階における犯罪の準備行為をいう。たとえば，兵器，弾薬の用意，兵糧の調達，人員の招集などが，これにあたる。「陰謀」とは，私的な戦闘行為の実行を目指してなされる2人以上の者の通謀をいう。

(4) 局外中立命令違反罪

本罪は，外国が交戦している際に，局外中立に関する命令に違反する罪である。法定刑は，3年以下の拘禁刑または50万円以下の罰金（94条）。

(i) 罪　質

外国同士が戦争をしている時には，国際法上，中立国は，一定の義務を負い，その義務を履行するために，国民に一定の作為，不作為を命ずることがある。本罪は，このような局外中立命令に違背する行為を処罰するものである。

(ii) 行 為

　行為は，外国が交戦している際に，局外中立に関する命令に違反すること
である。「外国が交戦している際に」とは，2国以上の外国の間で，現に戦争
がおこなわれているばあいをいう。「局外中立に関する命令」とは，外国が交
戦している際に，わが国が，そのどちらの側にも加担しないことを宣言し，
わが国民もそのどちらの側にも便益を与えてはならない旨を指示して発せら
れる命令をいう。本罪の構成要件の具体的内容は，本条において明定されて
おらず，個々の局外中立命令によって定められるので，本条は，いわゆる「白
地刑罰法規」である。

事項索引

判例索引

著者略歴

川 端 博 （かわばた ひろし）
　昭和19年生まれ。昭和42年明治大学法学部卒業，司法修習修了，東京大学大学院法学政治学研究科修士課程修了。現在，明治大学名誉教授，法学博士。
　［主要著書］
『刑法総論講義』，『刑法各論講義』，『刑事訴訟法講義』，『刑事法研究（論文集）』第1巻～第23巻（以上，成文堂）『文書偽造罪の理論』（立花書房）など。

明 照 博 章 （みょうしょう ひろあき）
　昭和44年生まれ。平成5年明治大学法学部卒業，明治大学大学院博士後期課程単位取得退学。現在，松山大学法学部教授，博士（法学）（広島大学）。
　［主要著書］
『正当防衛権の構造』，『積極的加害意思とその射程』，『川端刑法学の歩み ―主客反照性の視角から―』［共編著］（以上，成文堂）。

今 村 暢 好 （いまむら のぶよし）
　昭和52年生まれ。平成12年明治大学法学部卒業，明治大学大学院博士後期課程履修単位取得退学。現在，松山大学法学部教授。
　［主要著書］
『行政刑法論序説』，『川端刑法学の歩み ―主客反照性の視角から―』［共編著］（以上，成文堂）。

刑法各論

2024年3月1日　初版第1刷発行

	川 端	博
著 者	明 照 博	章
	今 村 暢	好

発 行 者　阿 部 成 一

〒162-0041　東京都新宿区早稲田鶴巻町514番地

発 行 所　　株式会社　成 文 堂

電話 03（3203）9201　Fax 03（3203）9206
http://www.seibundoh.co.jp

製版・印刷・製本　三報社印刷　　　　　　検印省略

定価（本体 2400 円＋税）